CONSIDÉRATIONS

SUR LES

TRAITÉS DE COMMERCE

EN GÉNÉRAL

PAR

ARMAND MAILLARD ET A. LE BAILLY D'INGHUEM

Attachés au Ministère de l'Intérieur

MEMBRES DE PLUSIEURS SOCIÉTÉS SCIENTIFIQUES ET LITTÉRAIRES

« De tout temps s'est professée en France,
l'opinion que des Traités de Commerce doivent
ouvrir aux produits français des marchés
nouveaux. »

ARMANDIÈS.

PARIS

IMPRIMERIE RENOU ET MAULDE
Rue de Rivoli, 144.

MARS 1862

CONSIDÉRATIONS

TRAITÉS DE COMMERCE

EN GÉNÉRAL

CONSIDÉRATIONS

SUR LES

TRAITÉS DE COMMERCE

EN GÉNÉRAL

PAR

ARMAND MAILLARD ET A. LE BAILLY D'INGHUEM

Attachés au Ministère de l'Intérieur

MEMBRES DE PLUSIEURS SOCIÉTÉS SCIENTIFIQUES ET LITTÉRAIRES

« De tout temps s'est professé en France,
l'opinion que des Traités de Commerce doivent
ouvrir aux produits français des marchés
nouveaux. »

ARMANDIES.

PARIS

IMPRIMERIE RENOU ET MAULDE

Rue de Rivoli, 144.

1862

INTRODUCTION

Nous présentons aujourd'hui à l'appréciation du lecteur un livre qui manquait surtout à notre époque, où tout ce qui a trait au commerce, à l'industrie, à la politique, est sûr d'obtenir les faveurs ou l'engouement du public.

Quelques personnes pourraient se figurer que nous avons entrepris, dans ce livre, de faire l'éloge ou la critique plus ou moins juste des traités de commerce. Ces personnes se trompent; nous n'avons pas voulu nous occuper d'Économie politique, lorsque nous avons vu des hommes de talent, des hommes spéciaux reculer ou échouer devant une question aussi brûlante et aussi délicate.

Nous nous sommes proposé dans cet ouvrage, qui a pour titre : *Considérations sur les
Traités de Commerce en général,* de populariser
l'idée de S. M. l'Empereur, et de prouver en
même temps quels sont les avantages déjà
obtenus depuis la promulgation des traités de
commerce et quels sont ceux qu'on peut encore
en retirer.

Il était indispensable, selon nous, de retracer, avant toutes choses, l'historique des traités
qui ont été conclus entre la France et les
Puissances Étrangères. Il nous a paru également
utile d'examiner avec soin les productions, les
richesses du sol et de l'industrie en Europe,
avant de parler des Traités de commerce avec
l'Angleterre, la Belgique et la Turquie, de
l'utilité et des avantages que ces traités offri-
raient à la France, et démontrer la nécessité
d'en conclure de nouveaux avec les autres
puissances.

Pour cela, nous avons consulté les ouvrages
d'hommes distingués dans la science et dans

les lettres, et nous avons puisé aux documents officiels l'appui de la notoriété.

Un chapitre spécial a été consacré à l'examen de la Propriété Littéraire et de la législation actuelle régissant cette branche si intéressante des productions de la France.

En un mot, fournir un ouvrage qui pourra être consulté à titre de renseignement par toutes les personnes qui s'intéressent à la prospérité et au bonheur de leur pays; populariser l'idée de S. M. Napoléon III sur les Traités de Commerce, idée que malheureusement certains hommes cherchent à dénaturer, soit par ignorance, soit par esprit de parti, ou par crainte de voir leurs intérêts personnels lésés par l'adoption de ces conventions, tel est le but que nous nous sommes proposé. C'est au lecteur à juger si nous l'avons atteint.

CHAPITRE PREMIER

—

RÉSUMÉ HISTORIQUE DES TRAITÉS DE COMMERCE ET
DE NAVIGATION CONTRACTÉS ENTRE LA FRANCE ET
LES PUISSANCES ÉTRANGÈRES.

Puisque, grâce à la bienveillante initiative de S. M.
l'Empereur, plusieurs traités de commerce ont été
signés l'année dernière avec diverses puissances, et
qu'actuellement encore des négociations sont enta-
mées pour arriver à en conclure d'autres, nous avons
cru qu'il ne serait pas sans intérêt de rappeler ici, en
quelques lignes seulement, les principaux traités de
commerce et de navigation qui ont été signés jusqu'en
1850 entre la France et les Nations Étrangères.

Dans ce court résumé historique, nous n'avons pas
compris les différentes conventions postales ou douanières qui ont pu être successivement réglées par les
parties intéressées.

Le 28 septembre 1716, Louis XV signe à Paris un
traité de commerce avec les Villes Anséatiques, et le

4 décembre 1725, on étend les bénéfices de ce traité à plusieurs autres villes ; enfin en 1769, la ville de Hambourg est appelée à en partager les dispositions.

Louis XIV contracte une convention commerciale avec le duché de Mecklembourg-Schwerin ; convention qui reçoit une prorogation en 1836.

Signalons encore le traité de commerce avec Hambourg (1789), et celui avec le grand-duché de Bade (1827) ; celui concernant la navigation du Rhin, signé en 1831, approbatif de deux autres traités précédemment adoptés entre la France, Bade, la Bavière, le duché de Nassau, les Pays-Bas, la Prusse et la Hesse, et nous aurons fini de parler de nos relations commerciales avec l'Allemagne.

Voici les dates des principaux traités de commerce contractés entre la France et les diverses puissances ci-après indiquées :

ANGLETERRE

1314. — 24 août 1498. — 1606. — 14 avril 1623-1632. — 3 novembre 1655. — 24 février 1677. — 11 avril 1713. — 26 septembre 1786. — 15 janvier 1787 et 31 août de la même année. — 7 mars 1815.

BELGIQUE

16 juillet 1842 et 13 décembre 1845.

BRÉSIL

8 janvier et 7 juin 1826.

CHINE

24 septembre 1844.

DANEMARK

17 janvier 1498. — 1662. — 23 août 1742. — Septembre 1749. — 10 juillet 1813 et 9 février 1842.

ÉTATS-UNIS

30 avril 1822 et 13 juillet 1832.

NOUVELLE-GRENADE

14 novembre 1832. — 18 avril 1840. — 28 octobre 1844.

MEXIQUE

8 mai 1827.

PAYS-BAS

10 août 1678. — 20 septembre 1697. — 11 avril 1713. — 12 décembre 1739. — 25 juillet 1840.

PERSE

1708, 1715 et 1846.

SARDAIGNE

1843, 1844 et 1846.

SUÈDE

30 décembre 1662. — 25 avril 1741. — 1er juillet 1784.

TURQUIE

1535, 1604 et 1836.

On peut voir par ce qui précède que les souverains qui ont successivement gouverné la France, se sont toujours préoccupés de l'heureuse influence que les traités pouvaient exercer sur le développement du commerce et de l'industrie. Mais, il appartenait au gouvernement de l'Empereur Napoléon III, seul, de réglementer les dispositions les plus avantageuses à la France et d'en appuyer l'efficacité sur des bases solides.

En effet, le gouvernement français, si prompt à encourager l'Agriculture, les Beaux-Arts et les Lettres, n'a pas voulu rester en arrière lorsqu'il s'agissait du Commerce et de l'Industrie, qui sont la source de la grandeur d'une nation, comme les victoires le sont de sa gloire et de sa puissance, la littérature et les beaux-arts, de la civilisation et du progrès.

La France, sous le gouvernement actuel, a assez montré son courage et sa valeur pour le triomphe de la justice et de l'honneur pour qu'elle commence maintenant les pacifiques conquêtes de l'Industrie. Si les nombreuses Expositions qui ont eu lieu depuis quelques années ont puissamment contribué à développer les relations commerciales en Europe, nous devons dire que les Traités de commerce peuvent seuls en assurer l'efficacité.

CHAPITRE II

DES GRANDS CENTRES D'INDUSTRIE ET DE LEURS
PRODUITS EN EUROPE.

La nation qui se place en première ligne sous le rapport industriel, nous le disons avec impartialité, c'est l'Angleterre; mais nous ajouterons, comme corollaire, que les productions du sol de ce pays contribuent puissamment à faciliter le développement de son industrie.

L'extrême bon marché des matières premières, si indispensables aux grandes usines pour l'agencement et le mouvement des machines à vapeur, fait qu'en Angleterre la main-d'œuvre est à un prix peu élevé et permet de donner une plus grande impulsion au commerce de l'exportation, puisqu'il y a économie de temps et économie d'argent.

Les principaux produits de l'industrie anglaise, et il n'est pas superflu d'en parler ici, sont les tissus de coton, de laine, de soie et de lin; la coutellerie, les ouvrages en fer, en acier et en cuivre; la confec-

tion des machines, l'imprimerie, la gravure, la papeterie et la bière. En un mot, le peuple anglais est
essentiellement industrieux et marchand par excellence.

L'industrie manufacturière de la France s'élève
presque rivale de l'Angleterre, et nous la verrons
bientôt obtenir sur elle une supériorité bien marquée.
L'Angleterre a eu la première l'idée d'une Exposi-
sition Universelle ; toutes les nations s'empressèrent
d'y accourir ; l'immense succès qu'elle obtint, faisait
alors présager que nulle nation n'aurait plus tard la
témérité de l'imiter, et cependant, lorsque la France
convia, en 1855, tous les peuples à prendre part à
cet immense rendez-vous de l'industrie, du commerce, de la sculpture, de l'architecture, de la peinture et de la gravure qui eut lieu aux Champs-Ély-
sées, les résultats prouvèrent, une fois de plus, que
la France doit tôt ou tard être le centre lumineux
auquel viennent converger les nombreux rayons de
l'industrie européenne.

L'industrie manufacturière de la France, comme
nous l'avons dit plus haut, tend à rivaliser avec l'industrie anglaise ; elle lui est même supérieure pour
les produits où l'art et le bon goût ont la principale
part. La France fabrique le fer dans plus de 1,500
usines ; les armes à Paris, Tulle et Saint-Étienne ;
les machines en Alsace, dans le Nord et à Paris ; la

coutellerie et la quincaillerie à Paris, Strasbourg,
Chatellerault, Langres, Châlons-sur-Marne ; l'horlogerie commune dans les Vosges.

D'après des documents statistiques, que nous
avons lieu de croire exacts, les produits chimiques
rapportent 25,000,000 de francs. Les savons et les
parfums à Paris ; la poterie, la faïence et la porcelaine qui n'a point de rivale en Europe se fabriquent
à Sèvres, Limoges, Bordeaux, Chantilly et Vierzon ;
les verres, les glaces et les cristaux produisent environ 30,000,000 de francs. La manufacture de Saint-
Gobain est sans pareille au monde. — Les papiers
se préparent à Annonay, Angoulême, Essonne et
Troyes ; les cuirs et les peaux à Paris et à Pont-Au-
demer.

Parmi les tissus : les soieries, les lainages et les
toiles tiennent les premiers rangs.

Les soies se fabriquent à Lyon ; les rubans à Saint-
Étienne et à Saint-Chamond ; les florences à Avignon
et à Saint-Marcellin ; la passementerie, les tulles de
soie, si supérieurs aux produits de même espèce des
autres pays. Elbeuf, Louviers, Sedan et le Midi
donnent les draps et les laines ; les couvertures,
tissus légers, duvet de cachemires et tapis se fabriquent à Lille, Roubaix, Tourcoing, Amiens, Reims,
Lyon, Paris, Nîmes, Abbeville, Aubusson et Beau-
vais ; les toiles à Mayenne, Louhans, Laval, Rennes,

Lille, Mulhouse ; les blondes, dentelles, mousselines et broderies à Paris, Cambrai, Chantilly,
Alençon, Valenciennes, Nanci, Caen et Lyon ; les
tissus de coton à Rouen, Lille, Roubaix, Saint-
Quentin, Troyes, Thann et Mulhouse.

Enfin l'imprimerie et la librairie à Paris et à Lyon ;
le sucre indigène, les beaux articles de Paris,
bronzes, bijoux, horlogerie fine, instruments de musique, armes de luxe, ébénisterie, modes, sellerie et
carrosserie.

La valeur approximative des produits de l'industrie française s'élève à environ 2,600,000,000 de
francs.

Maintenant arrivons à la Belgique :

Par sa position géographique, la Belgique est en
quelque sorte l'entrepositaire des autres nations au-
près de la France et de l'Angleterre. Du reste, nous
devons dire avec justice, que c'est la plus indus-
trieuse région de l'Europe après ces deux grandes
puissances. Ses dentelles sont fort recherchées ; ses
toiles luttent avec succès avec celles de Saxe, et ses
étoffes de laine, de coton et de soie sont fort estimées. Les ouvrages de fer, d'acier et de laiton ; les
armes de Liége et de Namur et les voitures complè-
tent d'une manière succincte les produits du royaume
de Belgique.

Quant aux divers produits de la Hollande, voici

les principaux : les toiles, les cuirs, le papier, les produits chimiques. Elle possède en outre des distilleries
remarquables et fournit des fromages renommés.

L'Allemagne intérieure, la Prusse et l'Autriche
brillent aussi par l'étendue de leur industrie ; mais
c'est principalement dans la Prusse Rhénane qu'elle
offre un développement remarquable. Et l'on peut
citer parmi les productions industrielles de la Confédération Germanique, les tissus de lin et de coton ;
les draps, les blondes, les dentelles, les soieries, les
ouvrages de fer ou d'acier de la Saxe, de la Prusse et
de la Styrie ; le linge de table, la porcelaine, les
cuirs et les glaces de la Saxe ; les ouvrages gracieux en
or et en argent de la Bavière et de la Hesse.

La Bohême brille surtout par son orfévrerie, sa
quincaillerie et ses verres ; ces derniers sont inimitables par le charme lumineux des couleurs que nulle
nation n'a pu encore obtenir, malgré les nombreux
perfectionnements apportés dans l'industrie verrière.

Les ouvrages en bois sculptés, les jouets d'enfants
de Nuremberg, les pendules en bois de la Forêt-
Noire terminent la nomenclature des produits industriels de la Confédération Germanique.

L'industrie de la Russie, cette gigantesque puissance du Nord, n'est encore qu'à son aurore ; elle
est née d'hier et gravite avec succès dans le chemin
du progrès.

Les toiles de lin et de chanvre, les tissus de coton, de laine et de soie; les verres et les cristaux de la Russie sont aussi fort recherchés dans le commerce, surtout les cristaux. Cette puissance distille des eaux-de-vie en grande quantité et tire de son sol la potasse en abondance.

Les cuirs russes ont été, sont et seront toujours regardés par tous les gens de goût comme inimitables.

Nous voudrions ici laisser de côté toute question politique; mais nous croyons devoir ajouter que, grâce aux idées libérales et progressives d'Alexandre II, le souverain bienveillant qui règne sur cet immense empire et qui de son propre mouvement a proclamé l'émancipation des Serfs, grâce aux encouragements que ce monarque accorde à l'industrie et aux beaux-arts, nous sommes persuadés que la Russie, dans un temps très-rapproché, sera à même de rivaliser, par son industrie, avec les autres puissances européennes. Cette position, elle l'occuperait déjà depuis longtemps, si la routine et le mauvais vouloir n'avaient paralysé jusqu'à présent tous les efforts tentés par les Czars pour la faire sortir de la longue torpeur où elle est enfouie depuis Pierre le Grand.

Nous sommes dans le Nord, il est tout naturel que nous parlions et du Danemark, et du royaume de Suède et de Norwège.

Ces deux puissances ne sont nullement manufacturières, et les paysans fabriquent eux-mêmes presque tous les objets nécessaires à leur usage. Là, aussi, la civilisation et le progrès n'ont pas encore répandu le bienfait de leur lumière.

Si l'industrie manufacturière est nulle dans ces contrées, de nombreuses distilleries de grains, de grandes brasseries, d'immenses tanneries, des fabriques de toiles, sont à peu près les produits commerciaux de ces régions septentrionales.

Les nombreux chantiers de construction pour la marine occupent cependant un grand nombre de bras en Suède et en Norwège, et utilisent les immenses forêts de bois de construction qui couvrent cette partie du globe. Les constructions de navires pour le compte de toutes les puissances sont en quelque sorte l'apanage exclusif des Suédois et des Norwégiens.

La Suisse, très-active surtout dans l'Ouest et le Nord, fournit des soieries, de l'horlogerie, la première du globe par la bonté du mouvement; des toiles, des mousselines, des indiennes, des blondes, du papier, des chapeaux de paille, des objets en bois et des fromages.

L'Italie produit des étoffes de soie, des lainages, des pâtes, des fleurs artificielles, des chapeaux de paille, de la parfumerie, des instruments de musique, de la faïence et des ouvrages en corail.

Ce qui a empêché jusqu'à présent son commerce et son industrie de se montrer à la hauteur d'une aussi grande population, c'était ces mille et une conventions douanières qui régissaient une foule de petits États, qui comprimaient son essor par la multiplicité des impôts. Maintenant que l'Italie est une, libre depuis les Alpes jusqu'aux bords du Mincio, maintenant qu'elle est réunie sous un seul et même gouvernement, nous verrons son commerce prendre de l'activité et de l'extension lorsque les difficultés de la politique et les troubles partiels auront permis au Roi Victor-Emmanuel de s'occuper d'une manière sérieuse du bonheur de ses peuples.

Tous les efforts tentés par le sultan Abdul-Medjid pour imprimer au commerce et à l'industrie de ses États une marche un peu rapide vers le progrès n'ont pas encore abouti à un heureux résultat. Son frère, qui lui a succédé sur le trône, se préoccupe trop des utiles réformes à apporter dans l'administration du gouvernement Ottoman pour songer, quant à présent, à l'industrie.

Dans cette situation, la Turquie fabrique bien peu d'objets. Quelques étoffes communes de soie, des maroquins, des tapis, des essences et des parfums, voilà en quoi consiste son commerce.

La Grèce, au contraire, voit son industrie prendre de l'extension ; elle ne s'exerce guère, cependant, que sur la préparation de la soie, celle des peaux et la fabrication de l'huile.

Quant à l'Espagne, ses montagnes couvertes de forêts abondent en mines où l'on exploite de l'or et de l'argent en petite quantité, du fer, du cuivre et du mercure. Ses plaines et ses vallées sont en général d'une grande fertilité, quoique mal cultivées.

Son industrie a acquis depuis quelques années un assez large développement ; elle offre à la consommation : des draps, des soieries, des tissus de coton, des savons et des ouvrages de fer.

La fabrication de la soie, qui, à une époque, brillait d'un vif éclat, a toutefois repris en Catalogne ; et Barcelonne, Matero, Taragone, Reuss, Tolède, Séville et Valence travaillent avec habileté ce tissu délicat. On estime à une vingtaine de mille le nombre des métiers.

La laine se travaille dans la province de Valence, à Ségovie, Arevalo, et Colmenar. La fabrication des cuirs, si renommée dans le siècle dernier, est aujourd'hui presque totalement abandonnée, et l'Espagne est obligée de tirer de l'étranger les cuirs nécessaires à la sellerie, dont les principaux centres sont Cordoue, Tolède, Barcelonne, Burgos, Grenade et Madrid.

La papeterie occupe une grande place dans l'industrie espagnole. Il y a quelques années, il existait,

d'après M. Maury, dans la péninsule hespérique,
trois cent trente-sept papeteries dont deux cent vingt
en Catalogne et quatre-vingt-quinze dans la province
de Valence.

Le commerce de l'Espagne, loin d'être aussi florissant qu'il était lorsque ce pays possédait de riches
colonies, a cependant progressé depuis quelques
années, et les relations que l'Espagne entretient avec
les autres nations de l'Europe, sont dans un état
prospère qui ne peut que s'accroître et s'améliorer
encore par l'essor que les nombreux chemins de fer
en voie de construction sur son territoire va donner
à son industrie et à son commerce.

Dans un excellent travail sur les voies de communication, un membre de l'Institut, M. de Laborde, a
dit : « On juge de la grandeur, de la puissance et de
la richesse d'une nation par la beauté de ses chemins
et l'entretien de ses routes. » Il aurait pu ajouter que
de la bonté et de l'étendue de ses routes et voies de
communication dépendent la grandeur, la puissance
et la richesse d'une nation.

Un publiciste de mérite écrivait, il y a quelques
mois, les lignes suivantes sur l'Espagne :

«Montesquieu a dit : « Les pays ne sont pas cultivés
« en raison de leur fertilité, mais en raison de leur li-
« berté. » L'histoire nous en donne de nombreux
exemples, mais un des plus frappants, c'est la gran-

deur de l'Espagne, sa décadence et sa régénération actuelle. Suivant la manière dont elle est gouvernée, sa prospérité grandit ou décline ; un jour elle est presque la maîtresse du monde, puis elle déchoit rapidement et c'est à peine si, il y a vingt ans, elle comptait parmi les nations européennes. »

Et nous ajouterons avec M. Cardon, l'auteur de ces paroles : « Sous le gouvernement d'Isabelle II, grâce à la bonté et à la sagesse de son administration, l'Espagne reprend petit à petit sa place, et ses armées triomphantes volent de succès en succès : c'est plus qu'une régénération qui s'accomplit, c'est presque une résurrection. »

CHAPITRE III

—

De toutes les productions végétales, les plus importantes sont sans contredit les céréales, qui forment la principale nourriture de l'homme. Sous ce rapport, la France, par son climat tempéré, a été largement dotée.

Nous devons citer parmi les céréales des pays tempérés : le blé, l'orge, le seigle, le maïs; et, dans les pays chauds, le riz qui remplace le blé dans la nourriture de l'homme. Si la France, la Russie et la Pologne fournissent en abondance le blé en Europe, nous ne devons pas oublier que les Etats-Unis en exportent également beaucoup. Quant au riz, le royaume d'Italie est le seul pays en Europe qui en produise, notamment dans les provinces du Piémont et de Sardaigne.

En France, le blé ou froment est cultivé sur une vaste échelle dans les plaines de la Beauce, dans le nord de la France, dans l'Auvergne et dans les environs de Toulouse; il occupe annuellement une superficie de 5 à 6 millions d'hectares, produisant 92 millions d'hectolitres. Le seigle, qui se trouve dans toutes les parties de la France, ne rapporte guère que 34 à 35 millions d'hectolitres et n'occupe qu'environ 3 millions d'hectares.

La culture de l'orge embrasse 1,200,000 hectares qui donnent 19 millions d'hectolitres; le maïs et le millet occupent 600,000 hectares et donnent un produit de 7 millions d'hectolitres. La Bretagne, le Limousin et l'Auvergne cultivent spécialement le sarrasin sur une étendue de 5 à 600,000 hectares, qui rapportent 5 millions d'hectolitres à peu près.

Quant aux autres menus grains et légumes secs, nous nous dispenserons d'évaluer le territoire qu'ils occupent et le rendement qu'ils peuvent donner, pour arriver à la pomme de terre, qui s'est propagée dans notre pays depuis un siècle avec une rapidité incroyable, et dont le produit dépasse 80 millions d'hectolitres, d'après la statistique officielle.

Le Lyonnais, le Maine et le Limousin possèdent des châtaigneraies qui donnent en grande quantité des châtaignes.

Voilà donc pour les substances alimentaires. Mais il nous reste à parler du colza, qui produit une huile fort estimée; de la navette, autre plante qui peut fournir de l'huile à brûler excellente, et enfin de la betterave, cultivée sur de larges proportions dans le nord de la France, et qui produit le sucre indigène ; culture que la rapidité et la facilité des communications terrestres ou maritimes ont arrêtée lorsqu'elle prenait son essor.

Depuis quelques années, dans les contrées méridionales de la France, on a entrepris également de cultiver le *sorgho* et d'en tirer un sucre excellent ; mais cette industrie n'est encore qu'à son enfance, et les nombreuses dépenses qu'elle occasionne, quant à présent, arrêteront toute l'extension que les agronomes voudraient lui donner.

La France produit également le houblon qui entre dans la fabrication de la bière, et le tabac, dont le produit s'élevait à plus de 14 millions en 1856 ; mais la consommation usuelle s'est considérablement augmentée depuis cette époque, et le tabac est actuellement une grande ressource à l'Etat, par suite de l'élévation de son prix de vente. En outre, nous tirons de l'Algérie une grande quantité de tabac qui est inférieur cependant aux produits de ce genre cultivés dans le nord et le midi de la France.

Quant à la vigne, qui constitue une des principales richesses de la France, elle occupe en culture une étendue que l'on peut évaluer à environ 2 millions d'hectares. Parmi les crûs les plus renommés, nous

citerons ceux de Champagne qui sont sans rivaux
dans le monde, et dont on exporte une grande quantité dans toutes les parties du globe; ceux de Bourgogne, vins colorés et appréciés des gourmets, surtout
les produits du Mâconnais, et ceux de Bordeaux qui
gagnent en voyageant au delà des mers et que l'on
recherche d'une manière toute spéciale.

Parmi les nombreuses eaux-de-vie fabriquées en
France, et sur la distillation desquelles plusieurs fois
déjà la presse quotidienne a appelé l'attention du
Gouvernement, car maintenant tout est propre à faire
de l'eau-de-vie, qui, dans le principe, se composait
uniquement de la conversion du vin en cette liqueur,
et qui alors était salutaire à la santé au lieu de lui
être nuisible comme à présent, les eaux-de-vie de
Cognac et de Montpellier auront toujours une réputation hors ligne. Notre armée, qui vient de combattre
pour l'honneur du drapeau français et pour une
sainte cause en Chine et en Cochinchine, a encore
ouvert un immense débouché à cette liqueur. Mais
encore une fois, qu'il nous soit permis d'appeler toute
l'attention du Gouvernement qui se préoccupe si vivement des intérêts populaires de la France ; qu'il
nous soit permis de demander que des mesures ré-
pressives soient prises sur les abus qu'entraîne la
fabrication avec toutes sortes de substances d'une
liqueur qui amène la ruine de la santé.

La betterave fournit de l'eau-de-vie qui peut passer encore ; mais la pomme de terre, les copeaux, le cidre conservent cette âcreté qui détériore l'estomac des buveurs.

Ne soyons pas trop fiers de notre civilisation et de nos progrès, car, sous ce rapport, nous faisons des pas rétrogrades dus à l'esprit de lucre et à l'avidité, et cela malgré les réclamations incessantes de la science et du bon sens.

Puisque nous touchons à cette intéressante question, et que le Sénat dernièrement s'est vu saisi d'une demande de projet de loi sur les buveurs, nous ferons observer que, d'après les avis d'hommes compétents qui occupent un certain rang dans la médecine, l'ivresse produite par les vins est loin d'amener les funestes résultats de l'ivresse par l'eau-de-vie, l'absinthe ou la bière. Malheureusement les documents officiels de la statistique nous donnent raison sur ce point. Car, depuis l'usage abusif de l'eau-de-vie et surtout de l'absinthe en France, c'est-à-dire depuis une dizaine d'années, nous comptons un plus grand nombre d'individus atteints d'aliénation mentale ou autres maladies qui les conduisent insensiblement à la mort. Nous formons donc des vœux pour que l'administration supérieure s'occupe de cette question, qui intéresse vivement toutes les familles au point de vue humanitaire.

Ne nous écartons pas davantage du cadre de ce chapitre, et citons encore parmi les productions végétales de la France, le noyer, fort répandu en Auvergne; le mûrier, qu'on élève en grand dans tous les départements du littoral de la Méditerranée et sur le versant méridional des Cévennes, et qui sert à contribuer puissamment à notre industrie séricicole. Le pommier, avec lequel on fait le cidre qui remplace le vin, dans la Normandie et la Picardie, concurremment avec la bière dans l'Artois et la Flandre.

La Touraine et le département de Lot-et-Garonne fournissent des pruniers justement estimés. Quant à l'olivier, le climat méditerranéen lui est propre; il produit une huile sans rivale et recherchée de tous les gourmets. L'oranger prend position dans les départements du Var et des Alpes-Maritimes; et la culture du lin et du chanvre occupe plus de 40 départements au nord et à l'ouest de la France.

Ajoutons à cette nomenclature, le figuier indigène qui a maintenant pour concurrent les produits de même espèce que nous fournit en abondance notre magnifique colonie algérienne; le poirier, le pêcher, le cerisier, qui donnent des fruits d'une saveur et d'un goût exquis, et cela sans faire mention des mille plantes potagères qui ornent nos jardins et assaisonnent notre cuisine.

Voici la récapitulation des produits du sol de la France :

Culture : 20,000,000 d'hectares (froment, 5,600,000 hectares ; avoine, 3,000,000 d'hectares ; méteil, 2,000,000 d'hectares ; vigne, 2,000,000 d'hectares ; prairies naturelles, 4,200,000 hectares ; pommes de terre, 950,000 hectares). *Valeur totale des produits de culture* : 6,000,000,000 de francs. (Froment, 1,105,000,000 de francs ; vins , 420,000,000 de francs ; foin et fourrage, 665,000,000 de francs.) *Bois.* Le sol est propre à la végétation de toutes les essences de bois de l'Europe et de beaucoup d'espèces exotiques. L'Est est le centre du territoire présentant sur les sommités une suite presque continue de forêts, qui s'étendent des Ardennes aux Alpes. Etendue , 8,900,000 hectares ; *valeur*, *210,000,000 de francs.*

L'Algérie, cette belle colonie d'Afrique, est remplie de plaines fertiles où les céréales sont cultivées avec soin. Son sol est propice au tabac, au mûrier, à la plupart des arbres fruitiers, à toutes les plantes potagères et fourragères.

Vouées à la grande culture, la Martinique, la Guadeloupe, la Réunion et la Guyane, sont loin encore de rendre tout ce qu'elles peuvent produire, surtout depuis l'émancipation des nègres, et leurs terrains si fertiles restent incultivés par le manque de bras.

Espérons que les mesures prises par Son Excellence le Ministre de la Marine et des Colonies seront couronnées d'un plein succès, et que nos colonies lointaines verront renaître leurs beaux jours de prospérité et de bonheur.

Car, on ne doit pas se dissimuler, que la culture dans ces contrées assure le bien-être de tout le monde.

Il ne faut pas oublier que les colonies offrent un écoulement salutaire à la population croissante; elles assurent un échange régulier aux produits des deux hémisphères, et alimentent ainsi la navigation marchande. « Enfin, elles étendent au loin, comme disait un écrivain de mérite, l'influence politique et civilisatrice de la France. »

L'Allemagne, la Hongrie, l'Espagne, l'Italie fournissent d'excellents vins. Quant aux principaux fruits à noyau, tels que l'amandier, le prunier, le pêcher, l'abricotier et le cerisier, ils sont répandus dans presque toute l'Europe. Les pommiers et les poiriers donnent d'excellents fruits jusque dans les latitudes les plus élevées de l'Europe, ainsi que le groseiller.

La canne à sucre, autrefois cultivée sur une plus large base, n'est exploitée que bien faiblement dans quelques-unes des îles de la Méditerranée.

Les pays de l'Europe moyenne possèdent la betterave d'où l'on tire également le sucre.

L'Italie, l'île de Malte, l'Espagne et le Portugal sont propres à la culture des orangers, des citronniers et des figuiers.

Quant au houblon qui entre dans la composition de la bière, la Belgique, l'Allemagne et l'Angleterre le cultivent.

Le froment, le seigle, l'orge, l'avoine, les pommes de terre et le sarrasin réussissent très-bien dans l'Europe centrale, tandis que l'orge, l'avoine, le seigle, le lin et le chanvre sont cultivés de préférence dans la partie septentrionale.

Nous croyons devoir faire remarquer ici que l'orge est de toutes les céréales celle qui s'avance le plus dans le Nord.

Parmi les arbres de construction et de chauffage que l'on trouve en Europe, nous pouvons parler du chêne, du hêtre, du bouleau, du peuplier, du saule, du noyer, du châtaignier, du platane, de l'érable, du tilleul, du frêne et de l'acacia. Le chêne-liége existe dans le sud de la France et en Espagne, et l'arbousier qui produit un fruit excellent dans les départements du midi de la France et de l'île de Corse. Mais les bois de construction que possèdent abondamment l'Europe, sont le pin en France, Suède et Norwège; le sapin dans les montagnes, comme les Vosges, le Jura, les Alpes et les Pyrénées.

L'olivier, le colza, dans presque toute l'Europe;
le pavot qui donne l'huile d'œillette, dans l'Europe
moyenne, sont les principales plantes oléagineuses.

CHAPITRE IV

—

Sous le régime animal, la France possède le cheval, le mulet, l'âne, le bœuf, la vache, le mouton, la brebis, la chèvre, le chien et le chat. Nos basses-cours sont riches en porcs, lapins, cygnes, oies, dindons, canards, coqs, poules et pigeons.

Quant aux animaux sauvages dont on tire de belles fourrures, l'ours, le renard, le chat sauvage, la martre, l'hermine, le blaireau, le castor, le daim, le chamois sont les principaux; parmi ceux qui servent à l'alimentation on peut citer le lièvre, le lapin de garenne, le cerf et le chevreuil.

Les oiseaux les plus connus sont le faucon, le vautour, le corbeau, la corneille, la pie, le geai, le moineau, le merle, la mésange, l'hirondelle; et, parmi ceux que l'on mange, l'alouette, le grand coq de bruyère, le faisan, la perdrix, la caille, les râles, la grue, le canard sauvage, le héron, la bécasse, la bécassine, la sarcelle et l'hirondelle de mer.

Les volailles forment une des richesses les plus remarquables de notre agriculture. L'oie, par exemple, est élevée dans l'Alsace, la Bourgogne, la Beauce et une partie de la Champagne. On engraisse dans les environs du Mans, de Bourg, de Montauban et de la Flèche des poulardes justement estimées. Nos départements du nord envoient en Angleterre une quantité considérable d'œufs, et la France en use pour sa propre consommation environ deux millions et demi.

L'élève de la France est variée et fort riche ; elle peut s'évaluer à 100 millions de francs. Le cheval joue un si grand rôle dans l'agriculture, dans l'industrie et dans la guerre, que l'administration et les particuliers font les plus grands efforts pour améliorer les races chevalines. Nous voyons chaque jour le gouvernement de S. M. l'Empereur s'occuper sérieusement de cette importante question.

Citons parmi les diverses races françaises, les normande, limousine, picarde et bretonne. Les chevaux de l'Artois, des Ardennes et de l'Alsace sont employés généralement dans l'agriculture, les postes et la guerre comme chevaux de trait ; tandis que les chevaux normands et percherons, qui peuvent rivaliser avec les meilleures races de l'Europe, sont affectés pour la selle et les carrosses. Le Maine, l'Orléannais, la Bourgogne fournissent à la cavalerie légère. La Bretagne et la Corse élèvent des chevaux infatigables. L'Auvergne, le Limousin et le Poitou produisent d'excellents mulets exportés en Espagne, en Algérie et dans nos colonies.

Nous ne devons pas oublier cette race gracieuse qui fait l'admiration de tous les connaisseurs et qui maintenant sert à la monte d'un grand nombre de régiments de notre cavalerie légére : nous voulons parler de cette jolie race d'origine arabe.

Quant à la race bovine, nous devons citer les bœufs du Maine, du Limousin, du Berry et de la Basse-Bretagne. Car, la Basse-Normandie se contente d'acheter au dehors les sujets qu'elle engraisse et dont elle sait tirer profit par ses gras pâturages. Les moutons les plus recherchés sont ceux du Berry et des Ardennes qui produisent comme laine environ pour 300 millions de francs. L'Alsace, la Lorraine et les Pyrénées produisent d'excellents porcs ; car, dans toutes nos campagnes, on élève cet animal. Du reste, ce qui contribue puissamment à faire rechercher les jambons des Pyrénées, c'est parce que, dans ces contrées, on nourrit les porcs d'une manière toute spéciale, et non comme on le fait dans les trois quarts de nos villages ; les épices mêlés à leur nourriture donnent à leurs chairs une saveur et un goût exquis.

Avant d'aller plus loin, il est indispensable de parler de notre belle colonie d'Afrique, de l'Algérie. L'élève constitue la richesse des indigènes ; il y a beaucoup de gros bétail, de moutons et de chèvres qui sont parqués dans les plaines, et chaque parc est désigné, dans la localité, sous le nom de *dhouar*. L'Algérie possède beaucoup d'abeilles qui produisent un miel excellent. Quant au cheval, d'origine arabe, il n'est guère employé que comme monture ; tandis que le chameau, l'âne et le mulet servent aux transports.

Les côtes de l'Algérie abondent en poisson et en corail. Parmi les animaux sauvages nous citerons : le lion, le léopard, la panthère, le lièvre, la gazelle, l'autruche et les serpents.

La plus grande partie des habitants des côtes de la France se livrent à la pêche. La sardine, le hareng, le maquereau, le merlan, le mulet, le turbot, la raie, le saumon, la langouste et la moule sont les principaux produits des pêches de l'Océan. L'anchois et le thon sont spéciaux à la Méditerranée, et la grande pêche des huîtres constitue en grande partie la richesse du littoral de la Manche.

Depuis Louis XI on élève en France le ver à soie, dont le mûrier est l'aliment qui lui convient. Parmi les départements où la soie est surtout récoltée, nous devons signaler ceux de l'Ain, de Vaucluse, de la Drôme, de l'Hérault, de l'Ardèche, du Var, de l'Isère, des Basses-Alpes, de l'Aveyron, de l'Aude, des Pyrénées-Orientales, des Bouches-du-Rhône et la Haute-Savoie.

Comme nous l'avons dit plus haut, c'est à Lyon, Paris et Saint-Etienne que se fabriquent ces belles étoffes qui font la gloire et la richessse de la France.

Quant à l'élève apicole, on ne s'y livre en grand que dans le midi de la France et dans la Mayenne, pays où les abeilles produisent une quantité considérable de miel et de cire.

Examinons succinctement quelles sont les principales richesses des autres nations au point de vue du régime animal.

L'Angleterre et l'Allemagne ont les plus belles races de chevaux ; l'âne tend à devenir de plus en plus rare en Europe, et l'espèce asine y est tellement abâtardie que l'on aurait peine à reconnaître ce précieux animal dont l'Asie et l'Afrique renferment les plus belles races. Les bœufs et les vaches forment la richesse agricole de l'Angleterre, de l'Allemagne et de la Suisse ; et le buffle, espèce de bœuf, ne se rencontre qu'en Italie et en Grèce.

L'Espagne et l'Angleterre ont des moutons dont les laines sont excellentes et d'une qualité bien supérieure à celles des autres nations.

La chèvre et le porc sont aussi deux animaux domestiques fort utiles et qu'on rencontre presque partout en Europe.

Les animaux qui possèdent les plus belles peaux

et les plus belles fourrures sont les martes zibelines, l'hermine et les petits-gris, principalement en Russie ; les castors dans le nord de l'Europe ; le linx de Russie ; le chamois qui vit surtout dans les Alpes et les Pyrénées, et les loutres répandues par toute l'Europe.

Le coq et la poule sont communs en Europe ainsi que les oies, les dindons et les canards. Les cygnes, les eiders et autres espèces qui donnent les plus précieux duvets se trouvent surtout en Islande, en Norwège et dans les autres contrées du Nord.

La tortue commune se trouve en Grèce, en Sardaigne et en Italie ; et les raies, les esturgeons, dont les plus renommés sont ceux du Volga ; les saumons que l'on pêche dans presque toutes les mers ; les harengs qui inondent à certaines époques de l'année les côtes de l'Islande, de la Hollande, de l'Angleterre et de l'Espagne. Quant à la sardine, elle ne se rencontre qu'aux environs de l'île de Sardaigne d'où elle tire son nom. Les brochets, les carpes, les anguilles, les perches peuplent toutes les rivières européennes, et l'huître la meilleure est celle des côtes de Belgique.

Les sangsues les plus renommées en médecine sont celles de Hongrie.

La Grèce dispute seule à la France le miel et les abeilles.

CHAPITRE V

—

Sous le régime minéral, on compte en France, en fait de mines exploitées : 3,500 de tourbe, 2,120 de fer, 180 de houille, 75 marais salants, 18 de manganèse, 11 de plomb, 10 d'antimoine, 3 de cuivre, 2 d'argent, 1 d'arsenic, etc.

Soixante-huit départements en France possèdent des mines de fer; et on fabrique la fonte principalement dans les départements du Nord, de la Moselle, de l'Aveyron et de la Haute-Marne. La France ne compte que deux mines d'argent. Quant au manganèse, il est en très-grande abondance et sert à porifier le verre blanc, à colorer les porcelaines en violet, et surtout à fabriquer le chlore; c'est dans les Vosges, la Moselle et la Dordogne qu'on en rencontre les gisements les plus importants.

Les départements formés de l'ancienne Auvergne, du Lyonnais, de la Champagne et du Languedoc

renferment dans leur sol beaucoup de mines d'antimoine, qui sert à la fabrication des caractères d'imprimerie.

L'or ne se rencontre en France que dans le sable
de la plupart des rivières qui coulent à travers les
terrains primitifs, mais en quantité trop petite pour
que le lavage des sables puisse encore donner des
bénéfices réels à une époque où la dépréciation des
métaux fait de trop rapides progrès. Nous devons,
cependant, dire que l'Adour roule encore dans ses
eaux de l'or, et que dans notre nouveau département
de la Haute-Savoie, on rencontre deux rivières, notamment l'Isère, où l'on en trouve également ; si nous
en croyons des hommes de mérite de ce département, les habitants des bords de ces deux rivières,
qui vont se jeter dans le Rhône, se font régulière-
ment de 3 francs à 3 francs 50 centimes par la
pêche de l'or, chaque jour.

Jusqu'ici l'on n'a pas encore trouvé un gisement
d'étain vraiment exploitable ; il en est à peu près
ainsi pour le mercure.

Les substances pierreuses s'exploitent dans des
ateliers qui prennent le nom de carrières. Leur nature et leurs usages sont très-variés ; quelques-unes
forment l'objet d'un important commerce et se
transportent au loin.

La *pierre à plâtre* existe en masse dans les envi-

rons de Paris et dans le département de Saône-et-
Loire. La pierre à plâtre des environs de Paris, très-
estimée, est expédiée en grande quantité en France
et aux États-Unis ; elle est exploitée dans environ
34 départements.

Quant à la pierre à chaux, elle est répandue dans
presque tous nos départements, et le mélange des
couches de terrain forme dans certaines localités
du ciment naturel excellent, notamment dans la
Côte-d'Or et l'Yonne.

Les argiles se trouvent dans la Manche et la Haute-
Vienne, et les ardoises près d'Angers et Chateaulin ;
les carrières d'Angers seules produisent 180 millions
d'ardoises.

Parmi les pierres de construction : les granites de
la Bretagne, de la Normandie et de la Corse ; les
laves du Puy-de-Dôme ; les grès des Vosges ; les
calcaires jurassiques, que l'on rencontre dans le
bassin de Paris ; la craie dure des bords de la Loire
et de la basse Seine ; les grès et les meulières des
environs de Paris.

Lorsque nous aurons signalé, parmi les pierres
polies et taillées pour les arts et l'ornement, les granites de Corse et du Finistère ; les marbres de la
Mayenne, des Ardennes et des Pyrénées ; les pierres
lithographiques de Châteauroux ; les pierres à meules
de Bergerac et de la Ferté-sous-Jouarre ; nous ajou-

terons les marnes, argiles et sables exploités sur une
foule de points pour la fabrication du verre, etc.

L'exploitation des matériaux de toute espèce a
pris depuis quelques années une importance considérable, en rapport avec l'accroissement du bien-
être général et de l'hygiène des populations, et qui
se manifeste surtout par les nombreuses constructions nouvelles que l'on voit s'élever à Paris, et sur
tous les points de la France.

Quant aux marais salants, ils se rencontrent sur
les côtes des départements de la Manche, de la Ven-
dée, de la Charente-Inférieure, de la Gironde, des
Landes, des Pyrénées-Orientales, du Gard et de
l'Hérault.

Le sel gemme s'extrait du sein de la terre, où il
forme des couches très-puissantes ; on le trouve en
grande abondance dans les terrains marneux du nord
et de l'est de la France, à Salins et à Lons–le–Saul-
nier (Jura), à Vic, Moyenvic et Dieuze (Meurthe).

Les nombreuses eaux minérales froides ou thermales abondent principalement dans les régions
montagneuses dont le sol est composé de roches
volcaniques. On compte en France plus de sept
cent cinquante sources qui attirent chaque année
un nombre considérable de malades. Et bien que
les nombreuses voies ferrées qui sillonnent en tous
sens notre patrie emportent chaque année beaucoup

de nos compatriotes vers les eaux et les bains d'Allemagne, où la plupart d'entre eux n'y partent que par genre ou par la soif et du changement et des plaisirs, et non pour leur santé, nous n'en sommes pas moins persuadés que les eaux de la France jouiront plus longtemps d'une réputation justement acquise par les cures merveilleuses qu'elles ont produites. Mais si, d'un côté, les Français vont chercher à l'étranger, quelques-uns la santé, le plus grand nombre la diversion et les plaisirs, d'un autre côté les familles étrangères viennent goûter dans nos pays d'eaux minérales la tranquillité et le repos, et l'on peut estimer de 70 à 80,000 le nombre des personnes qui fréquentent nos établissements thermaux et constituent ainsi la richesse des localités voisines.

Sans compter nos bains de mer, qui, avec ceux de la Belgique, sont recherchés par les habitants de l'Europe tout entière, nous citerons parmi les principales eaux minérales froides ou thermales dont le sol de notre belle patrie a été si richement doté par la nature (1) :

Dinan, dans les Côtes-du-Nord; *Saint-Amand*, dans le Nord, T; Passy, dans la Seine, F; Forges,

---

(1) Les villes en italique sont celles où les eaux attirent les malades en plus grande quantité.

T, signifie eaux thermales; F, ferrugineuses; S/LF, sulfureuses froides; S C, salines chaudes; F C, ferrugineuses chaudes; T S/L, thermales sulfureuses.

dans la Seine-Inférieure, F; Provins, dans Seine-et-Marne; Pont-à-Mousson dans la Meurthe; Enghien, dans Seine-et-Oise, S/LF; Pougues, dans la Nièvre; Bourbonne-les-Bains, dans la Haute-Marne, S C; Néris et *Vichy*, dans l'Allier, F C; Bourbon-Lancy, (Saône-et-Loire); *Bourbon-l'Archambault* (Allier), où les eaux ferrugineuses sont si chaudes qu'on ne peut y tenir la main plus d'une minute; Chaudes-Aigues, SC, et Mont-d'Or, FC, dans le Cantal; Busson, Contrexeville et *Plombières*, S C, dans les Vosges; Digne, dans les Basses-Alpes, et Gap, dans les Hautes-Alpes; Balarue, dans l'Hérault, S C; *Eaux-Bonnes*, dans les Basses-Pyrénées; Saint-Sauveur, *Bagnères-de-Bigorre*, TS/L; *Barèges* et *Cauterets*, S/L, dans les Hautes-Pyrénées.

Il serait injuste d'oublier les eaux minérales des départements qui ont été annexés dernièrement à la France par le vote unanime des populations: départements qui étaient déjà français depuis longtemps par le cœur et par l'esprit, par les mœurs et le langage.

Les localités du département de la Savoie qui renferment des eaux minérales sont: *Aix-les-Bains*, dont les eaux thermales célèbres depuis des siècles sont aujourd'hui très-fréquentées; *La Boisse*, petite commune près de Chambéry, qui possède une source ferrugineuse froide dont les propriétés apéritives en font le rendez-vous de la jeunesse chambérinoise. Dans la Haute-Savoie, nous citerons Évian et Saint-Gervais, pour leurs eaux minérales, et *Chamouny*, qui possède des bains fort estimés.

Il n'y a guère, dans les Alpes-Maritimes, que Puget-Théniers qui ait dans son territoire une source d'eau minérale ferrugineuse.

L'exploitation de la houille est la branche la plus importante de l'industrie minérale, et c'est si vrai que nos alliés de la Grande-Bretagne ont bien compris que c'est à l'abondance de la houille dans leurs pays qu'ils doivent de pouvoir livrer à meilleur compte les produits de leurs manufactures. Car c'est la houille qui sert à l'alimentation des grandes usines et des machines à vapeur employées en grand nombre en Angleterre, et, d'après les documents officiels, nous voyons que la France tire de ce pays les charbons nécessaires à sa consommation.

Cependant, les mines de houille abondent en France, et c'est surtout à l'accroissement rapide de la production et de la consommation de la houille que l'industrie française doit son rapide développement.

Parmi les principaux bassins houillers que la France renferme dans son sein, nous signalerons ceux de la Loire, notamment Saint-Etienne et Rive-de-Gier, de Valenciennes, d'Alais, du Creuzot, de Blanzy et d'Épinal. Les autres gisements se rencontrent dans la Manche, le Calvados, la Mayenne, la Bretagne, l'Allier, la Nièvre, l'Alsace, le Rhône, l'Isère, le Var, l'Auvergne, etc.

Le département du Pas-de-Calais prend aussi son essor. Les produits houillers se trouvent sur son territoire ; et maintenant, la vallée de la Lys est en pleine exploitation. Mais comme la facilité des communications importe au plus haut point à la prospérité d'un pays, les diverses fosses à charbon ont été reliées entre elles par une section de la ligne du chemin de fer du Nord qui a été inaugurée dernièrement et qui aidera puissamment à développer cette branche nouvelle de l'industrie locale du Pas-de-Calais. Ajoutons à cela que deux canaux servent également à écouler les produits de ce département.

Du reste, les charbons extraits de ces gisements peuvent rivaliser, par l'excellence de leur qualité et par leur bon marché, avec les produits de même espèce de l'Angleterre, et nous pouvons même dire que, dans plus d'un cas, ces charbons sont préférables aux charbons anglais. Aussi, dans un temps très-limité verrons-nous l'exploitation houillère du Pas-de-Calais prendre un grand développement par les moyens faciles de locomotion.

Si un grand nombre de substances minérales, telles que les combustibles, les pierres, sont livrées à la consommation à l'état brut, il en est d'autres qui ne sont susceptibles d'être utilisées qu'après avoir été soumises à une préparation spéciale qui les rend aptes au commerce marchand, ou les rend susceptibles d'êtres livrées aux diverses branches de l'industrie, qui les façonnent sous mille formes pour les lancer après dans le commerce.

Le fer, par exemple, est livré au commerce sous trois états différents : la fonte, l'acier et le fer.

Quant à *la tourbe*, dont nous avions omis de parler plus haut, on la trouve à fleur de terre dans les terrains humides. C'est un combustible de formation récente. L'Aisne, l'Isère, la Loire-Inférieure, la Marne, le Nord, l'Oise, le Pas-de-Calais, Seine-et-Oise et la Somme contiennent les principales vallées marécageuses qui produisent ce combustible. On trouve en France, d'après la statistique que l'on a faite dernièrement, 2,500 tourbières qui produisent 5,326,184 quintaux de tourbe.

Jetons un coup d'œil rapide sur les productions minérales de l'Europe.

Les marbres les plus beaux, les plus recherchés sont ceux d'Italie, d'Allemagne, d'Espagne et de Belgique ; les albâtres les plus renommés se trouvent en Espagne et à Malte.

Les pierres lithographiques de la Bavière sont fort estimées.

L'Allemagne est le seul pays qui, avec la France,

possède des mines de sel, et l'Italie renferme dans son sein l'alun.

La Saxe possède de riches carrières de kaolin ou terre à porcelaine, et les porcelaines saxonnes sont supérieures peut-être à celles de la France.

Les mines d'argent sont rares en Europe. Cependant, on en rencontre quelques-unes en Norwège, en Allemagne et en Hongrie, mais elles ne produisent pas un rendement en rapport avec les travaux qu'on y opère.

On trouve en abondance le cuivre en Angleterre et en Russie ; le mercure en Allemagne et en Espagne. Les plus riches mines de fer, de plomb et de zinc sont exploitées en Angleterre, en Suisse et en Russie.

Nous ne devons pas passer sous silence une nouvelle découverte qui vient d'enrichir encore la science métallurgique. Dernièrement , en pratiquant des fouilles dans des mines de fer abandonnées, on a découvert une substance métallique qui est en quelque sorte de l'aluminium véritable. C'est dans des mines abandonnées du Jura que l'on a fait cette intéressante découverte, mines que l'on peut exploiter à nouveau et qui pourra doter l'orfèvrerie de bijoux en aluminium que l'on livrera à meilleur marché que par le passé.

C'est dans les pays volcaniques que l'on trouve le soufre ; aussi l'Italie, la Sicile et l'Islande sont à peu près les seules contrées qui en possèdent en Europe.

L'Angleterre exploite sur une vaste échelle l'extraction de la houille ou charbon de terre ; et, comme nous l'avons déjà dit plus haut, c'est à cette immense exploitation qu'elle doit le développement de son industrie manufacturière, l'extension donnée à sa navigation et l'extrême bon marché du prix de revient.

La Belgique de même que l'Allemagne renferment de nombreuses mines de houille qui, chaque jour, tendent à progresser.

La tourbe se rencontre dans les pays marécageux ; aussi abonde-t-elle en Hollande, en Belgique et dans le nord de l'Europe.

Nous ne voulons pas terminer ce chapitre sans parler des eaux minérales.

Nous voyons en Angleterre celles de Scarboroug, Bath (*aquœ solis*, comme les désignaient les romains), Epsom (d'où l'on tire un sel purgatif très-estimé en médecine), Tunbrige ; et en Ecosse, Aberdeen, surnommé *le Spa écossais*.

En Allemagne, Aix-la-Chapelle, Wisbaden, Baden-Baden, Ems, Nauheim, Willemsbaden, Schialengbaden, Schwartzbad, Hombourg. Pyrmont dans le Hanovre, et Sedlitz dans la Bohême.

N'oublions pas aussi les eaux de Seltz qui s'expédient en grande quantité dans le grand-duché de Nassau, et qui constituent la principale exportation de ce charmant petit Etat habilement administré par un prince aimé de tous ses sujets.

Enfin, en Italie : Lucques, Acque, dans le Montferrat, Pouzzoles et Tritola (Naples).

Voici la comparaison des différentes contrées de l'Europe sous le rapport des richesses naturelles, d'après M. Cortambert :

« La France, dit ce savant, est riche surtout par ses produits agricoles, ses céréales, ses vins, sa soie et son huile.

« Le royaume des Iles Britanniques, par ses pâturages, ses troupeaux de bœufs et de moutons, ses chevaux, ses mines de fer, de houille et d'étain.

« Le Danemark, par les chevaux, les bœufs, la pêche.

« La Suède et la Norwège, par la pêche, et surtout par ses bois de sapin et de pin, et par ses mines de fer et de cuivre.

« La Russie, par ses mines d'or, de platine, de cuivre, de fer ; par ses animaux à fourrures, ses bois de construction, ses blés, son lin et son chanvre.

« L'Allemagne avec la Prusse, ainsi que l'Autriche, par les mines, les céréales diverses, les vins, les bois, les huiles, la soie et les troupeaux.

« La Hollande, par les troupeaux et par la pêche.

« La Belgique, par les céréales, le lin, les plantes oléagineuses, la houille et les troupeaux.

« La Suisse, par les pâturages. — Le Portugal, par ses fruits et ses vins.

« L'Espagne, par les fruits du Midi, les vins, l'huile, la soie, les mines et les moutons.

« La Turquie, par les fruits, le riz, le maïs, les bois et les troupeaux.

« La Grèce avec ses îles, par l'huile, les fruits, les vins et les éponges. »

Nous avons examiné successivement dans ce chapitre et dans les deux qui précèdent les diverses productions végétales, animales et minérales dont Dieu, dans sa haute sagesse, a si richement doté l'Europe, productions que l'intelligence et le bras des hommes ont su mettre à profit à force de temps, de peines et de travail.

CHAPITRE VI

QUELQUES MOTS SUR LE COMMERCE DANS LES TEMPS
ANCIENS ET MODERNES.

Si nous parcourons les pages de l'histoire, et que nous considérions le commerce des anciens peuples, nous voyons au premier rang parmi ceux dont l'histoire ait conservé le souvenir, les Egyptiens, maîtres du commerce de l'Orient, par la possession de la mer Rouge, et les Phéniciens maîtres de celui de l'Occident et de la Méditerranée.

Les différents et gigantesques travaux entrepris par les Egyptiens sont des témoignages irrécusables de l'étendue de leur commerce et de la richesse des produits de leur pays. En effet, ce peuple portait aux Indes des étoffes de laine, du plomb, du fer, du cuivre et de l'argent; en échange, il recevait l'ivoire, l'ébène, les soieries et l'encens qu'il recherchait pour embellir leurs fêtes et leurs foyers domestiques et y apporter le bien-être que procure l'opulence.

Les Phéniciens étaient plus navigateurs que commerçants; cependant, ils excellaient dans la fabrication des étoffes et dans le fini des ouvrages. Les nombreuses colonies qu'ils fondèrent accrurent encore leur influence commerciale, et, comme il arriva plus d'une fois dans l'histoire des temps modernes, leurs colonies se séparèrent de la mère-patrie pour former des puissances indépendantes, qui peu à peu prirent de l'importance et finirent par effacer l'influence de la mère-patrie, qui alors s'affaiblit insensiblement pour disparaître un jour, comme un météore brillant illumine les nues et s'évanouit dans les obscures vapeurs qu'il avait un instant éclairées.

La Grèce, par sa situation topographique, devait tôt ou tard prospérer par le commerce. C'est ce qui eut lieu. Sa marine devint sans rivale et lui assura l'empire des mers; ses colonies augmentaient encore sa puissance et ses richesses.

Quant aux Romains, leurs découvertes et leurs progrès dans la navigation furent moins sensibles que ceux des Grecs. Nous devons attribuer cela à leur éducation toute militaire et à la nature des lois qui régissaient leur patrie.

Cependant, lorsque les armées romaines eurent anéanti Carthage, les Romains tirèrent leurs approvisionnements des nations qu'ils avaient subjuguées.

L'or, le blé, les animaux féroces devenus nécessaires pour aiguillonner l'attrait des plaisirs, tout
cela leur était fourni par l'Afrique, de même que le
fer, la laine et les fruits l'étaient par l'Espagne; les
perles et les étoffes par la Perse; l'encens et les parfums par l'Arabie.

A peine les Romains eurent-ils goûtés le charme
des délices de l'Orient, que le commerce aux Indes
par la mer Rouge reprit une nouvelle extension, et
que l'agriculture s'enrichit de végétaux jusqu'alors
inconnus, tels que le pêcher, l'abricotier, le grena-
dier, le cerisier et le citronnier.

Au moyen âge, les Arabes exercèrent leur influence, et entreprirent le commerce avec l'Orient
et l'Occident.

Cependant, le temps marchait et la civilisation
faisait de rapides progrès. Les nombreuses découvertes dues au hasard ou au génie de l'homme dé-
marquaient à jamais les temps modernes des temps
anciens. La boussole, la poudre à canon, l'imprimerie étaient là pour guider et défendre le naviga-
teur ou pour conserver le souvenir de ses nombreuses explorations.

Les républiques italiennes avaient perfectionné la
navigation; les bâtiments de Venise et de Gênes ser-
virent à transporter les Croisés sur la terre des Infi-
dè les.

Enfin, les Portugais, ces navigateurs infatigables , découvrirent, en 1486, le cap de Bonne-Espérance qui facilita le développement de leur commerce.

« Tout change alors sur le globe, dit Chateaubriand ; le monde ancien est détruit. La mer des Indes n'est plus une mer ultérieure, un bassin entouré par les côtes de l'Asie et de l'Afrique, c'est un océan qui d'un côté se joint à l'Atlantique, de l'autre aux mers de la Chine et une mer de l'Est plus vaste encore... Cent royaumes civilisés, arabes ou indiens, mahométans ou idolâtres, des îles embaumées d'aromates précieux sont révélés aux peuples de l'Occident ; une nature toute nouvelle apparaît ; le rideau qui depuis des milliers de siècles cachait une partie du monde se lève : on découvre la patrie du soleil , le lieu d'où il sort chaque matin pour dispenser la lumière ; on voit à nu ce sage et brillant Orient dont l'histoire se mêlait pour nous aux voyages de Pythagore, aux conquêtes d'Alexandre, aux souvenirs des croisades, et dont les parfums nous arrivaient à travers les champs de l'Arabie et les mers de la Grèce....

« Et c'est un petit peuple, enfermé dans un cercle de montagnes à l'extrémité occidentale de l'Europe, qui se fraya le chemin à la partie la plus pompeuse de la demeure de l'homme.

« Et c'est un autre peuple de cette même péninsule, un peuple non encore arrivé à la grandeur dont il est déchu ; c'est un pauvre pilote qui découvrit un nouvel univers aux portes du couchant, au moment où les Portugais abordaient les champs de l'aurore. »

Que dire après avoir fait une pareille citation ! Notre prose paraîtra bien, pâle à côté de la majestueuse harmonie qui règne dans les lignes qui précèdent, harmonie qui charme l'esprit et épanouit le cœur.

Durant tout le moyen âge et jusqu'à la fin du quinzième siècle, le commerce de l'Europe se centralisa pour ainsi dire entre les mains des Républiques italiennes et de la Ligue Anséatique.

Tandis que les Anglais faisaient le commerce dans la Baltique, avaient de nombreuses relations avec les Portugais et les Espagnols, les Français, livrés à l'horreur des guerres civiles , l'abandonnaient presque exclusivement aux Lombards et aux Italiens établis parmi eux.

Les Flamands, très-commerçants, brillaient surtout par leurs produits manufacturiers, et Bruges, une de leurs villes, était l'entrepôt général et central de toutes les productions de l'Europe.

CHAPITRE VII

La Gaule a toujours été favorablement placée pour le commerce ; les rivières et les mers qui l'entourent facilitent extrêmement les communications. Aussi, les Gaulois aimaient le commerce et l'appelaient au secours de l'Etat. Ces grandes voies qui existent encore, tracées par les Romains sur notre territoire, démontrent toute l'importance que ces derniers attachaient à l'extension de l'industrie.

Florissant lorsque les Francs conquirent la Gaule, ce ne fut que sous Charlemagne, après trois siècles d'inaction, que le commerce se releva pour retomber une seconde fois par l'apathie des souverains qui lui succédèrent.

Les croisades donnèrent à la France une nouvelle existence et imprimèrent au commerce une activité extraordinaire, activité qui s'accrut encore par la découverte de l'Amérique et par celle du cap de Bonne-Espérance.

La France doit une grande partie de sa splendeur aux importantes productions de son sol ; mais elle ne la doit pas moins aux nombreuses branches d'industrie qu'elle cultive.

Les grandes manufactures françaises datent, en partie, du règne de Louis XIV, sous lequel le ministre Colbert attira dans le royaume des artistes et artisans étrangers.

L'industrie française embrasse tous les genres de travaux opérés par la main des hommes et soumis aux combinaisons de leur intelligence et de leurs besoins.

La facilité des communications importe au plus haut point à la sûreté et à la prospérité d'un pays ; et sous le rapport de la viabilité, la France ne laisse guère à désirer maintenant. Elle est peut-être inférieure à quelques pays pour les chemins de fer, mais elle ne le cède à aucun pour les canaux et les routes.

« *Les rivières*, a dit Pascal, *sont des chemins qui* « *marchent...* » C'est, qu'en effet, les cours d'eau offrent les voies de communication les plus commodes, par le fait qu'ils peuvent porter plus facilement les poids les plus lourds.

Le commerce de la France doit donc tôt ou tard prévaloir sur celui des autres puissances, et si nous possédons de nombreuses et utiles voies de communication sur notre territoire, nous pouvons dire que tout montre à quel point le progrès industriel et agricole a suivi la rapidité des communications.

Les nombreuses expositions des comices agricoles, des concours régionaux, répondent aux besoins réels, permanents et toujours croissants de l'industrie et du commerce.

Il n'est peut-être pas superflu de retracer ici le résumé succinct des expositions nationales et universelles, qui, tout en donnant des encouragements aux industriels, n'en ont pas moins contribué à développer le commerce de l'Europe et plus particulièrement celui de la France.

Les expositions nationales ont commencé sous le ministère de M. le comte de Neufchâteau, en 1798. Alors, il n'y avait plus de maîtrises ni de jurandes. Les corporations privilégiées avaient fait place au travail libre et à la concurrence de tous. Sous l'empire de cette situation nouvelle, l'industrie n'avait plus conscience de la valeur de ses produits. Les articles français n'obtenaient la faveur des acheteurs qu'à la condition d'être vendus comme provenance des manufactures étrangères. Il fallait redonner confiance à nos fabricants et relever leurs produits. C'est dans ce but que Chaptal conçut le premier l'idée d'une grande exposition universelle; mais, sous l'influence des préjugés de son temps, il fut obligé de la réduire aux proportions d'une exposition nationale.

Le succès de l'exposition de 1798 fut complet. C'est au sein de la société française, profondément bouleversée, que la première exposition prenait naissance. Il fallait que ces expositions périodiques de l'industrie fussent, par elles-mêmes, une institution bien puissante, pour réussir à éclore ainsi dans un pareil temps, à survivre à toutes les vicissitudes et à tous les gouvernements.

De 1798 à 1855, onze expositions nationales et une exposition universelle ont eu lieu en France. A chacune de ces solennités, le nombre des exposants est toujours allé croissant, et la statistique le démontre.

Depuis vingt ans, le nombre des produits refusés par les jurys a été presque toujours égal au nombre des exposants admis. Jusqu'en 1806, les expositions nationales se succèdent à courts intervalles, et aucune ne dément les espérances que la première épreuve a fait naître.

A partir de 1806, les expositions devaient se reproduire tous les trois ans. Mais, en 1809, les préoccupations de la guerre en empêchent la réalisation. Napoléon Ier conçoit alors la pensée de remplacer cette exposition par une grande solennité industrielle, dont le souvenir s'est trop effacé.

L'Empereur avait chargé l'Institut de lui faire un

rapport étendu et raisonné sur les progrès de l'industrie en France, depuis les premiers temps de la
monarchie jusqu'à son règne. Quand ce rapport fut
terminé, l'Empereur voulut que l'Institut, en corps
et en grande pompe, se rendît aux Tuileries pour lui
en faire la présentation et la lecture, publiquement,
solennellement, lui, assis sur son trône, au milieu de
tout l'éclat de sa puissance et du faste de sa cour.

Après la paix, les expositions retrouvèrent le même
empressement et la même faveur. Celles de 1834,
1839 et 1844 ont laissé des souvenirs qui ne sont
pas encore effacés. A dater de 1844, l'émulation
devient générale : la Belgique, la Prusse, l'Autriche,
l'Espagne, imitent la France, et organisent chez elles
des expositions nationales.

Jusque-là, chaque nation a exposé chez elle les
produits de son industrie. — A partir de 1849, un
nouvel ordre d'idées se révèle : chaque exposition
fournissant un sujet de comparaison et d'études, les
industries rivales ont appris à se mieux connaître, et
l'on commence à savoir en quoi consiste la supériorité
relative des principaux foyers de fabrication. — La
pensée d'une exposition universelle est enfin éclose.
La première devait avoir lieu à Paris ; mais, en face
de certaines résistances, l'exposition de 1849 resta
exclusivement française, et l'Angleterre put revendi-
quer l'honneur de la première exposition universelle.

Personne n'a oublié le grand événement commercial et économique de 1851 ; la France n'est pas restée en arrière, et l'exposition de 1855 a dépassé celle de Londres.

Il y a vingt-cinq ans seulement, cet appel à toutes les nations pour ces grands concours de sciences, d'arts et d'industrie n'aurait pas été entendu. Les distances à franchir étaient alors trop grandes, les relations trop difficiles, les transports trop coûteux. L'Europe, privée de voies intérieures de communication, était loin de l'unité industrielle, commerciale et sociale qu'elle doit aujourd'hui à l'établissement de sa viabilité nouvelle.

La France exporte surtout en Suisse, en Angleterre, en Belgique, en Allemagne, aux Etats-Unis et en Russie, les principaux produits de l'agriculture et de l'industrie.

Elle exporte, en moyenne : les soies, pour 170 millions de francs ; les indiennes, pour 72 millions de francs ; les vins et les eaux-de-vie, pour 75 millions. Il faut ajouter les huiles, le vinaigre, les œufs, le savon, le miel, le sel, les draps, lainages de toute sorte, les céréales, les cuirs, la bonneterie, la tapisserie, la garance, les toiles de lin, de chanvre et de coton, les dentelles, la bijouterie, la parfumerie, la porcelaine, l'ébénisterie, la librairie, les objets de mode, etc.

On importe, en moyenne, surtout d'Angleterre et
des États-Unis pour 130 millions de francs de coton;
115 millions de soie brute, 68 millions de sucre,
60 millions de laines; sans compter les graines oléagineuses, le lin et le chanvre, le bois, le tabac, les
peaux brutes, l'indigo, l'huile d'olive, la houille, le
blé, principalement celui de la Russie, la toile, les
rubans, les tissus de coton, les chevaux, les teintures,
le café, les moutons, les bois de construction et d'ébénisterie.

Les pays avec lesquels les relations commerciales
de la France ont le plus d'activité, sont les États-
Unis, l'Angleterre, la Belgique, l'Italie, la Russie et
la Suisse. Les plus importants ports de commerce des
côtes françaises sont, sur l'Atlantique et sur les
fleuves qui vont s'y jeter, le Havre, Rouen, Nantes,
Bordeaux ; sur la Méditerranée, Marseille et Cette.

En moyenne, la valeur des exportations est de
1,500 millions de francs, et celle des importations
s'élève à environ 1,200 millions de francs.

Les documents officiels de l'administration des
douanes et des contributions indirectes nous fournissent divers tableaux que nous allons résumer.

Ces tableaux représentent les importations et les
exportations de la France durant les dix premiers
mois des années 1859, 1860 et 1861 :

Les importations d'octobre 1861, comparées à

celles de septembre de la même année, offrent des augmentations sur les articles suivants : arachides et noix de Touloucouna, vins et eaux-de-vie, cacao, coton en laine, graines oléagineuses autres que celles de lin, graisses animales, coke, huile de toutes sortes, laines en masse, machines et mécaniques , fonte brute, fers étirés en barres, cuivre de première fusion, étain, plomb, argent, nitrates, ouvrages en métaux, sel brut, soies moulinées et bourre de soie, soufre, sucres des colonies françaises, tissus de lin ou de chanvre et viandes fraîches ou salées; et des diminutions sur ceux qui suivent : esprits dits 3/6, café, graines oléagineuses de lin, houilles crues, lin taillé et étoupes, acier, soies grèges et sucres étrangers.

Les dix premiers mois de 1861, comparés à la période correspondante de 1860, offrent pour les importations (commerce spécial) les augmentations proportionnelles suivantes : fers en barres 1,636 0/0, fonte brute 392, graisses animales 281, machines et mécaniques 94, toiles de lin ou de chanvre 47, zinc 33, chanvre et lin teillé 31, soufre brut 27, graines oléagineuses 27, sucres exotiques 24, laines en masse 21, cuivre pur de première fusion 12, café 8, cacao 7, et houille 3 0/0.

Passant à l'exportation, nous trouvons en comparant octobre 1861 à septembre de la même année,

des augmentations sur les articles suivants : bois
d'ébénisterie, vins ordinaires, esprits dits 3/6, chanvre teillé et étoupes, coton en laine, laines en masse,
livres et gravures, or et argent, modes, nitrates,
peaux préparées ou ouvrées, porcelaines, savons, sel
marin ou de saline, soies, sucres raffinés, tissu de
coton, de lin ou de chanvre, de laine ou de soie, enfin verres et cristaux ; — et des diminutions sur ceux
qui suivent : bestiaux, liqueurs, eaux-de-vie, garance, lin teillé et étoupes, machines et mécaniques,
enfin tourteaux de graines oléagineuses.

Certains articles sont compris dans le tableau actuel qui n'y figuraient pas précédemment ; quelques-
uns, les bois de teinture, les chapeaux de feutre ou
de paille, les fleurs artificielles, les fruits de table
frais, la mercerie, la tabletterie et la bimbelotterie
enfin les meubles et les ouvrages en métaux, sem-
blent vouloir accroître l'importance de leur mouvement.

Nous voyons figurer une augmentation considérable dans les céréales (graines et farines) : 1,460 0/0
d'augmentation de 1861 sur 1860 (4,920,584 q. m.
au lieu de 392,285) ; et 237 0/0 sur 1859. Mais,
pour mieux juger de l'activité du commerce d'importation de cette denrée, il suffira de dire que,
durant les sept premiers mois de l'année, on avait
importé 2,047,167 q. m. (en moyenne 292,452 q.

m. par mois), tandis qu'en août on a importé 1,072,353 q. m., et en juin 1,800,084.

Quant à l'exportation, elle a considérablement diminué : 835,768 q. m. en 1861 (neuf premiers mois), au lieu de 2,776.078 en 1860, et 5,814,328 en 1857 ; le solde importé durant les neuf mois de 1861, est donc de 4,084,816 q. m., soit la moitié au tiers du déficit prévu.

Durant la première décade de novembre, les importations (exportations déduites) en grains et farines (commerce spécial), n'atteignent que 785,780 q. m. ; ajoutés aux chiffres précédents (6, 669,520), on arrive au total de 7,455,209 pour les entrées totales, depuis le 1er janvier ; retranchant ce qui concerne les sept premiers mois (1,291,885), qui appartiennent à la campagne 1860-1861, on a pour la campagne 1861-1862, commençant le 1er août, une importation totale de 6,163, 324 q. m. équivalent en hectolitres, sur le pied de 1 hect. 1/2 pour 120 kil., un total de 7,654,155.

La taxe de consommation des sels livrés au marché intérieur n'a varié que d'une manière insignifiante.

Les recouvrements opérés spécialement pour le service des contributions indirectes, pour les dix premiers mois des trois dernières années, atteignent 528 millions en 1861, 490 en 1860 et 535 en 1859.

Le mouvement de la navigation durant les dix premiers mois de 1861, 1860 et 1859 obéit à la même tendance; à l'entrée, le nombre des navires est de 25,754, en 1861, contre 20,573, en 1860, et 21,870 en 1859; une forte partie étrangers; le tonnage, de 4,125,573 en 1861, n'était que de 3,314,573 en 1860, et 3,460,975 en 1859, ici encore en faveur des pavillons étrangers; à la sortie, le mouvement inverse se produit; nombre de navires à la sortie: 14,462 en 1861, 15,517 en 1860 et 17,800 en 1859.

L'Algérie, notre belle colonie d'Afrique sur la Méditerranée, a plus coûté jusqu'à présent à la France qu'elle ne lui a rapporté, et cependant depuis quelques années elle paie avec usure les soins et les frais qu'elle a occasionnés à la mère-patrie.

La production en Algérie est extrêmement variable, et cela se comprend dans un pays où l'agriculture est arriérée; c'est surtout aux circonstances atmosphériques qu'il faut attribuer cette variation dans la production. Une année est-elle pluvieuse, l'Algérie a une excellente récolte; la sécheresse a-t-elle lieu, la récolte est mauvaise. L'on doit attribuer cela aux labours qui sont en général peu profonds, et quant à la fumure, elle y est nulle.

Dans un temps très-rapproché, l'Algérie pourra fournir largement deux millions d'hectolitres de grains.

« La culture des céréales, disait M. Mercier-
« Lacombe, dans un discours qu'il prononça au
« Corps Législatif, le 11 juin 1861, a fait de grands
« progrès, et il y a tout lieu d'espérer que l'Algérie
« deviendra pour la France, ce qu'elle était autrefois
« pour Rome, un grenier d'abondance pour les
« années critiques; parce que les circonstances qui
« sont fâcheuses pour la culture en France, sont en
« général favorables à la récolte en Algérie. »

Nos lecteurs doivent ajouter d'autant plus de foi
aux paroles de cet homme d'État, si intelligent, que
personne mieux que lui n'est à même de donner des
éclaircissements sur la situation agricole de l'Algérie,
puisqu'il a administré l'Algérie pendant un certain
nombre d'années, et qu'il s'y est livré à l'étude délicate et spéciale de cette intéressante question.

La laine est assurément le produit qu'on peut
obtenir le plus sûrement et le plus facilement en
Algérie, surtout dans la province de Constantine, où
les moutons se comptent par milliers. — Les tabacs
ont un succès énorme en Algérie, les débouchés leur
sont assurés, et la culture de cette plante dans la
province d'Alger a progressé de près de quatre millions depuis 1844, époque du premier essai.

L'olivier est une culture acquise au territoire afri-
cain ; c'est un produit naturel de notre colonie algérienne. Un oiseau passe, laisse tomber un noyau,

l'olivier pousse comme par enchantement ; c'est une affaire du sol.

La Kabylie, récemment soumise à notre domination, est la contrée de l'olivier, par excellence. Aussi la culture de cet arbuste est-elle appelée à un grand développement.

Quant à la vigne, l'on peut présager que dans un temps donné, l'Algérie deviendra un des grands pays vinicoles du globe.

Par son commerce, son importation et son exportation, l'Algérie donne lieu à un mouvement commercial de plus de 200 millions, qui produisent 23,708,000 francs au budget de l'État.

D'après les documents officiels, voici le mouvement commercial de l'Algérie avec la France et l'étranger pour les huit premiers mois de 1861. Nous y voyons d'abord les exportations de céréales atteindre 232,116 quintaux métriques. A l'importation, cette denrée ne figure que pour 30,461 ; c'est donc 201,625 quintaux métriques de grains sortis de notre colonie africaine, savoir : 168,673 pour la France, le reste pour l'étranger.

Si l'on considère que les états s'arrêtent au 31 août, on doit en induire qu'ils ont dû depuis donner lieu à des chiffres bien plus élevés, quoique bien éloignés encore de l'importance des besoins actuels de notre pays. Le mois d'août, à lui seul, donne lieu au cinquième des exportations ci-dessus relatées, et les importations, durant ce mois, sont nulles ou à peu près. On voit que le mouvement d'exportation des grains d'Algérie en France commence, dès cette époque, à se dessiner sous l'influence de la hausse des mercuriales à Marseille..

Les autres marchandises donnent lieu à peu de remarques utiles ; en août, les importations ont augmenté sur les articles suivants : fruits de table, graisse, suif brut, saindoux et savons ; — et diminué sur les boissons, fontes, fer et acier, houille et viandes crues salées ; — Les exportations ont diminué sur les fruits de table, huile d'olive, minerais de fer, cuivre et plomb, et peaux brutes, et augmenté sur le corail brut et le tabac.

La navigation de l'Algérie, pendant les dix premiers mois de 1861, se chiffre par 2,035 navires à l'entrée, contre 5,746 à la sortie ; le tonnage est de 272,726 à l'entrée, et 256,714 à la sortie. Comme nombre de navires et surtout comme tonnage, le pavillon français est en majorité.

Et comme le disait Son Excellence le Ministre de l'Agriculture, du Commerce et des Travaux Publics, dans son exposé de la situation de l'Empire concernant son département :

« Malgré la crise alimentaire que nous traversons et dont heureusement l'intensité a été considérablement atténuée par l'importation des céréales étrangères, la situation industrielle et commerciale du pays n'aurait eu rien à envier aux années qui ont précédé 1861, si un événement inattendu, la guerre civile entre les États du nord et les États du sud de l'Union américaine, n'était venue jeter le trouble dans les relations commerciales que nous entretenons avec la République américaine, relations des plus importantes, puisque, indépendamment des importations que nous faisons par la voie de l'Angleterre, et dont la quotité ne peut être précisée, elles se chiffrent par un mouvement de marchandises qui, en 1860, a atteint 478 millions de francs, dont 229 millions à l'importation et 240 millions à l'exportation.

« Nos exportations se composent presque exclusivement de produits fabriqués, dans lesquels nos soieries seules ont figuré pour 90 millions.

« Il est facile de comprendre l'influence que doit exercer sur l'industrie d'un pays la fermeture presque instantanée d'un marché aussi important ; mais ce n'est pas là le seul dommage que la France ait éprouvé des événements politiques dont les États-Unis sont le théâtre.

« Ce pays est le principal centre de la production du coton, et c'est chez lui que tous les peuples qui mettent en œuvre cette plante textile, puisent leurs principaux approvisionnements. »

Et plus loin S. Exc. le Ministre du Commerce ajoute :

« Bien que, pendant le cours de l'année 1861, la guerre d'Amérique ait fait fléchir nos exportations dans une certaine proportion, le mal n'a pas été aussi grand qu'on pouvait le craindre tout d'abord, et les débouchés que nous nous sommes créés ont compensé, pour certains produits, notamment les produits agricoles, le déficit qui se remarque ailleurs. Ainsi on constate un progrès notable dans l'exportation de nos laines, lins, chanvres, fruits frais et garance, et si l'on a à regretter une diminution plus ou moins sensible sur certains de nos produits manufacturés, nos exportations de tissus de coton écrus ou blancs, présentent un accroissement de 2,000 quintaux. »

Dans l'exposé de la situation de l'Empire, voici ce qu'on disait en parlant des chemins de fer :

« Le service de l'exploitation des chemins de fer a été également l'objet des préoccupations de l'administration : elle a pensé qu'il serait possible d'y apporter des améliorations au point de vue, soit de la célérité des transports, soit de la sécurité ou du bien-être des voyageurs.

« Pour étudier ces importantes questions, le ministre de l'agriculture, du commerce et des travaux publics, a formé une commission dont plusieurs membres ont été choisis dans le sein du Sénat, du Corps législatif et du conseil d'État, et dans laquelle figurent en outre, avec des membres des corps des ponts et chaussées et des mines, des fonctionnaires supérieurs des compagnies, qui ont répondu avec empressement à son appel. Il est permis d'espérer qu'il sortira du travail de cette commission d'utiles résultats.

« En résumé :

« Le réseau des chemins de fer concédés ou autorisés présente un développement total de 18,236 kilomètres, y compris les lignes éventuelles, dont la concession n'a pas encore été rendue définitive, et dont la longueur est de 631 kilomètres.

« Sur cet ensemble, 10,096 kilomètres sont aujourd'hui en exploitation : 5,803 kilomètres sont en outre concédés définitivement et en partie commencés ; 631 kilomètres sont l'objet de concessions éventuelles ; enfin, 1,701 kilomètres restent à concéder. La somme à dépenser pour l'achèvement de ce réseau peut être évaluée pour les lignes en exploitation, ainsi que pour les lignes concédées, soit définitivement, soit éventuellement, à la somme totale de 2,200,000,000 de francs, y compris 100,000,000 de francs à fournir à l'État en subventions ou travaux.

« Il reste en outre à dépenser près de 500 millions de francs pour la construction des 1,701 kilomètres de lignes qui ont été nouvellement décrétées, mais qui ne sont encore l'objet d'aucune concession.

« Les produits de l'exploitation des chemins de fer, pendant l'exercice 1861, ne sont pas encore exactement connus : cependant les résultats constatés successivement, trimestre par trimestre, permettent de porter à plus de 460,000,000 de francs le montant des recettes brutes, non compris l'impôt du dixième perçu par le Trésor. Le nombre de kilomètres exploités moyennement dans le cours de l'année étant de 9,600, la recette s'est élevée à 48,000 francs par kilomètre.

« En 1860, la recette totale avait été, pour 9,278 kilomètres, de 413 millions de francs, et le produit kilométrique de 44,500 francs seulement. »

D'après un tableau représentant, pour chacun des ports de commerce français, l'importance de la navigation avec l'étranger, les colonies et la grande pêche (navigation au long cours), depuis 1825 jusqu'en 1860 inclusivement, nous voyons quels ont été le développement et la puissante impulsion donnés en France à la marine marchande.

Pour en donner une idée, nous nous contenterons de reproduire les chiffres relatifs aux deux périodes extrêmes 1825 et 1860, pour ce qui concerne seulement les ports de la Seine-Inférieure :

Entrées. DIEPPE, 1825 :   24,843 tonneaux.
　　　　　　　　1860 : 206,108 t/x.
　　LE HAVRE, 1825 : 157,906 t/x.
　　　　　　　　1860 : 647,249 t/x.
　　　ROUEN, 1825 :   20,712 t/x.
　　　　　　　1860 : 119,404 t/x.
Sorties. DIEPPE, 1825 :   22,302 t/x.
　　　　　　　　1860 :   81,695 t/x.
　　LE HAVRE, 1825 : 102,984 t/x.
　　　　　　　　1860 : 422,860 t/x.

Rouen, 1825 :   7,750 tonneaux.
　　　　1860 :   47,527 t/x.

Nous avons dit dans un des chapitres qui précèdent que le tabac se cultivait ou se manipulait en France sur une vaste échelle, pour les besoins de la consommation française, et que c'était une plante qui rapportait beaucoup à l'État.

Voici quelques renseignements sur la fabrication et la consommation du tabac depuis l'annexion des nouveaux départements français.

Le nombre des débitants est de 41,000.

Leur cautionnement varie de 50 à 1,500 fr., et les remises qui leur sont faites s'élèvent à 22 millions de francs par an ; ce qui fait que le bénéfice moyen pour chacun d'eux peut s'évaluer à 512 francs.

La France consomme pour son usage 31,600,000 kilogrammes de tabac, qui se répartissent ainsi : onze millions en poudre et vingt millions à fumer.

La régie possède onze manufactures ; les appointements de tous les employés réunis ne dépassent pas 500,000 francs, et la main-d'œuvre est de 4 millions.

Les bénéfices de la régie, peu considérables dans l'origine, puisqu'ils produisaient, en 1811, 25 millions, se sont élevés, en 1861, à près de 300 millions.

« Les événements dont l'Union américaine est le théâtre pouvaient amener des embarras sérieux pour l'approvisionnement de nos manufactures ; mais des achats faits en temps opportun, et l'importance des quantités existant en magasin, ont conjuré ce danger. Nous possédons encore aujourd'hui les approvisionnements nécessaires pour assurer la fabrication pendant deux années.

« L'augmentation du prix des tabacs à fumer, consacrée par le décret du 20 octobre 1860, a amené un déplacement dans la consommation, qui s'est principalement reportée sur les cigares à 5 centimes, dont le prix n'a pas été modifié. L'augmentation des quantités de ces cigares vendues en 1861 n'a pas été moindre de 19 0/0, représentant le travail de 2,500 ouvrières.

« Aussi, pour suffire aux besoins toujours croissants de la consommation, il a été indispensable de créer de nouveaux centres de production, et d'établir à Metz et à Nancy des ateliers provisoires.

« Néanmoins, il y a lieu de prévoir encore que les manufactures actuelles deviendront insuffisantes, et que des crédits spéciaux devront figurer, pendant plusieurs années, au budget de l'État, pour l'agrandissement ou la construction des établissements de la régie.

« Le privilége réservé à l'État pour la fabrication et la vente des tabacs prend fin le 31 décembre prochain. Un projet de loi sera présenté à la législature pour demander la prorogation du monopole. »

L'arbousier, cet arbuste au feuillage toujours vert qui se complaît sous le climat de nos départements du Midi, et plus particulièrement près des Pyrénées, ne servait guère qu'à la nourriture des bestiaux et à quelques préparations pharmaceutiques. Tel était l'emploi que l'on faisait de l'arbousier des Pyrénées connu généralement sous le nom d'arbre à fraises. Quand à l'arbousier des Alpes, dont les fleurs sont rouges et les feuilles semblables au buis, on ne s'en servait et l'on ne s'en sert encore que pour la préparation du maroquin.

Après de laborieuses recherches, de nombreuses

expériences faites dans le but d'utiliser d'une manière plus avantageuse les fleurs et les fruits de l'arbousier des Pyrénées, un savant distingué, un tra-
vailleur infatigable, est parvenu à obtenir quinze
produits : alcool, vin, vinaigre que l'on connaissait
déjà, mais que par apathie ou négligence on laissait
de côté. Quant aux nouveaux produits, nous citerons :
eaux-de-vie, bière, vin blanc de dessert, liqueur
excellente, sirop, kirsch et ratafia, comme boissons;
gelée, confiture, marmelade, fruits candis, compote,
comme denrées alimentaires.

Par le fait de ce chimiste habile, nos départements
du Midi sont richement dotés d'un produit qui, dans
un espace très-limité, deviendra pour cette contrée
la source d'un commerce lucratif qui déjà commence
à poindre à l'horizon. Car la culture de l'arbousier
étant plus étendue, au lieu d'être négligée par la
non-valeur des produits qu'on ignorait pouvoir en
retirer, cet arbuste deviendra d'une véritable nécessité, surtout si nos récoltes vinicoles méridionales
étaient mauvaises.

C'est donc un nouveau produit pour le commerce
de la France à ajouter à la culture du sorgho, dont
nous avons déjà parlé.

Les graines de trèfle se vendent en abondance sur
tous les marchés de la Gascogne et du Languedoc;
pays qui en fournissent d'une excellente qualité,

pouvant rivaliser heureusement avec celles de la Bourgogne.

Notre siècle est le siècle des vastes entreprises et des travaux utiles; c'est le siècle du commerce et de l'industrie par excellence.

Ce qui, il y a quelques années, était mis au rebut, est aujourd'hui utilement et habilement utilisé. C'est ainsi que l'on tire de la résine une huile excellente pour la peinture, huile que l'on peut livrer à la consommation au prix de 15 centimes le kilo. Voilà déjà un progrès; et peut-être pourra-t-on encore perfectionner ce nouveau procédé et rendre l'huile brûlable.

La houille, après avoir servi à la fabrication du gaz et du noir animal, est employée depuis quelques années à la formation d'une jolie couleur bleue fort recherchée pour la teinture. On pouvait croire que là devaient s'arrêter le génie et l'invention de l'homme, et qu'après avoir passé par toutes ces transformations, les résidus pouvaient être abandonnés.

La garance, le jaune, le vermillon étaient à peu près les seules couleurs que la France pouvait produire jusqu'à présent; l'on peut ajouter le bleu inventé dernièrement. Mais un habile industriel de Toulouse, après de nombreuses recherches, est parvenu à retirer des produits houillers, ou plutôt des résidus, des débris de houille ayant servi à la fabri-

cation du gaz, un beau jaune, doré comme un rayon
de soleil au printemps, et une belle couleur tenant à
la fois de la nuance lilas et de la nuance violet clair,
qui furent immédiatement appliquées à la teinture
des soies.

Cette belle nuance lilas ne tarda pas à être appelée
par tout le monde *couleur Magenta*. D'un prix peu
élevé, de 20 à 30 fr. le kilo, elle était vivement recherchée pour la teinture des riches étoffes de soie
fabriquées à Lyon.

Cette découverte, ce nouveau produit devaient
trouver des imitateurs, et l'une des grandes usines de
l'Angleterre essaya d'arriver à un résultat analogue à
celui obtenu à Toulouse; mais ce fut en vain, l'industrie anglaise ne put atteindre la perfectibilité et la
délicatesse de la nuance désirables.

L'état statistique de l'imprimerie accuse de notables
progrès sur le précédent exercice. Le chiffre des
déclarations et des dépôts, plus considérable qu'en
1860, a été d'environ 15,000.

Les ouvrages soumis par les libraires de Paris et
des départements à l'examen de la commission du
colportage, pendant l'année 1861, sont au nombre
de 1,340. Le chiffre total des estampilles accordées
à Paris, tant pour les livres que pour les estampes,
almanachs et feuilles diverses, est de 13,320,000.

Nous ne voulons pas terminer ce chapitre sans parler de nos colonies, dont l'importation entre pour 169 millions dans le commerce français , et l'exportation pour 95 millions.

D'un côté, le commerce du Sénégal consiste en gomme et en ivoire ; d'un autre côté, les îles de la Réunion, de la Guadeloupe, de la Martinique et la colonie de Cayenne , exportent principalement le sucre brut, le café, le cacao, les épices ; et les comptoirs de l'Inde font le commerce d'indigo, de toiles bleues, dites toiles de Guinée, de tissus et de cachemires.

Aussi pouvons-nous dire avec un journaliste de talent, en parlant de l'époque actuelle :

« Aucune époque n'a donné l'exemple d'un semblable entraînement des esprits vers les études pratiques ; aucune époque ne s'est signalée par une aussi rapide succession de découvertes.

« *L'admiration des contemporains n'a pas le temps de se reposer ! Nous avons aujourd'hui la vapeur, l'électricité, la pression atmosphérique, l'aérostation, la galvanoplastie, la photographie.* Qu'aurons-nous demain ? Quelles conquêtes légueront à la civilisation les générations qui grandissent ? L'avenir est plein de merveilles. Toutes les forces de la nature et de la société, tous les agents visibles et invisibles, tous les moteurs anciens et nouveaux concourent à livrer à l'homme l'empire de l'univers. Il n'a à éviter que les excès mêmes de son activité et la prédominance des intérêts matériels sur le développement intellectuel et moral.

« Mais la main de Dieu est dans ce mouvement prodigieux des sociétés modernes, et nous ne sommes pas de ceux qui voient dans tant de progrès un symptôme de décadence. »

Sa Majesté l'Empereur, en parlant de notre belle patrie, disait dans le remarquable discours qu'il prononça à l'ouverture de la session législative, le 27 janvier dernier :

« N'avons-nous pas vu les villes se transformer, les campagnes s'enrichir par les progrès de l'agriculture, et le commerce extérieur s'élever de 2 milliards 600 millions à 5 milliards 800 millions ? Enfin, par le seul accroissement de la prospérité publique, les revenus de l'Etat se sont accrus de plusieurs centaines de millions. »

Oui, nous sommes dans un siècle de progrès, car les peuples et les gouvernements se sont donné la main pour imprimer une impulsion magnifique au commerce et à l'industrie.

CHAPITRE VIII

L'Angleterre est le pays le plus commerçant du monde, et sa capitale, Londres, est le port le plus animé, le plus fréquenté. Les autres ports de commerce d'Angleterre sont : Liverpool, Bristol, Hull ; en Écosse : Leith, Edimbourg, Port–Glasgow, Dundee, Aberdeen ; enfin en Irlande : Dublin, Cork, Limerick.

Le Royaume–Uni exporte surtout des articles de fabrique anglaise, pour une valeur annuelle de deux milliards environ, car l'Angleterre débite dans le monde près de cinq cents millions de cotonnades seulement. Parmi les nombreuses matières exportées par l'Angleterre, nous devons signaler une immense quantité de lainage, de soieries, de fer en fonte ou en barres, d'autres métaux, de machines, de poterie, de coutellerie qui rivalise avec succès avec celle de Belgique, de la verrerie, de la savonnerie, des armes et des munitions, des objets de librairie, des gravures, des machines et surtout de la houille en grande abondance.

Les importations de la Grande-Bretagne s'élèvent en moyenne aux deux tiers de ses exportations, et portent principalement sur les matières nécessaires à l'industrie, telles que le coton, la laine, la soie, le lin, etc. Pour les denrées alimentaires, thé, café et sucre ; sur les blés et les vins, sur les œufs de France et les articles de l'industrie parisienne.

Les relevés du *Board of Trade* permettent de rendre compte approximativement du commerce extérieur et du mouvement maritime de l'Angleterre, en 1860.

Les importations des articles énumérés dans ces relevés et les exportations des produits du sol et des manufactures britanniques présentent un total de 7 milliards 624 millions de francs, soit, comparativement à l'année précédente, une augmentation de 784 millions, dont 652 reviennent aux importations, qui s'élèvent à 4 milliards 228 millions, et 132 millions aux exportations, lesquelles atteignent le chiffre de 3 milliards 396 millions. Les registres de la douane anglaise donnent aux unes et aux autres une évaluation plus élevée (5 milliards 266 millions de francs pour les premières, et 4 milliards 142 millions pour les secondes ; ensemble, pour le total des échanges. 9 milliards 408 millions de francs).

Les principaux articles dont l'importation s'est accrue, sont les céréales (37,386,000 hectolitres contre 26,735,000 hectolitres en 1859); la farine, (2,546,000 quintaux métriques contre 5,473,000); la laine (66,600,000 kilogrammes contre 39,850,000); le café (36,900,000 kilogrammes contre 29,250,000); le thé (40,050,000 kilogrammes contre 33,750,000); le vin (566,720 hectolitres contre 372,073).

A l'exportation, les différences en plus portent notamment sur les tissus de coton, les fils de coton, les fils de laine, les tissus de lin, les fils de lin, le cuivre de tous genres et la poterie.

Les relevés du *Board of Trade* n'indiquant pas comment les importations se répartissent entre les différents pays de provenance, il n'est pas possible de se rendre compte de l'effet qu'ont exercé sur notre commerce les abolitions de droits ou de dégrèvements stipulés à notre profit dans le traité du 23 janvier 1860. Ces tableaux indiquent cependant l'origine de quelques articles, et l'on voit notamment que l'importation de nos vins a été de 110,000 hectolitres au lieu de 45,400 en 1859; et que, sous l'influence du premier abaissement de droits effectué au mois de mars 1860, la consommation a passé de 35,000 à 51,000 hectolitres. Sans doute, cette augmentation n'autorise encore aucune induction quant au dé—

bouché que notre industrie vinicole pourra trouver sur les marchés du Royaume-Uni, et il est possible qu'une grande quantité de vins entrée pendant l'exercice 1860 n'ait été introduite qu'à titre d'essai et se trouve encore dans les magasins des détaillants. Mais, dans tous les cas, les acquittements du mois de janvier 1861 révèlent, de la part du commerce, une assez grande confiance dans le tarif qui a été mis en vigueur au commencement de l'année. On voit en effet qu'ils ont porté sur 69,643 hectolitres, contre 24,833 seulement entrés pendant le mois correspondant de 1859.

Il est probable que la France a eu aussi, par suite de la réduction de droits dont ils ont été l'objet, une plus grande part dans la consommation des spiritueux, laquelle a augmenté de 25,000 hectolitres ; mais les documents publiés ne fournissent pas le moyen de le constater.

Le Rapport des Commissaires des douanes anglaises, pour l'année 1860, présente les résultats ci-après :

La valeur réelle des importations du Royaume-Uni (Angleterre, Ecosse et Irlande), en 1860, a été de 210,648,643 livres sterling (en nombre rond 5 milliards 266 millions de francs). La France y a contribué pour plus de 400 millions de francs, la Russie pour presque autant, l'Egypte pour 250, et l'Amérique pour 1 milliard 100 millions, dont à lui seul le coton représente 750 millions.

Parmi les quatorze principaux articles de l'importation, quatre offrent de la diminution, ce sont : le sucre, les spiritueux, le chanvre et la soie. Les dix autres, qui, au contraire, ont augmenté, sont : le blé, la farine, les denrées alimentaires de toute sorte, le thé, les vins, le tabac, le café, le coton, la laine et les bois de construction.

L'ensemble du mouvement maritime du Royaume-Uni en 1860, s'élève, non compris le cabotage, et en ne tenant compte que des bâtiments chargés, à 82,864 navires jaugeant 20 millions 838,000 tonneaux, soit 3,456 navires et un million 504,000 tonneaux de plus qu'en 1859.

Les entrées figurent dans ce total pour 38,374 navires et 10 millions 55,000 tonneaux, soit une augmentation de 2,076 navires et 964,000 tonneaux comparativement à l'année précédente.

A la sortie, on compte 44,490 navires, d'une jauge collective de 10 millions 783,000 tonneaux, chiffres qui présentent sur ceux de 1859 une différence en plus de 1,380 navires et 539,000 tonneaux.

L'effectif maritime de la Grande-Bretagne se composait, au 31 décembre 1860, de 25,663 navires à voiles, jaugeant 4 millions 204,380 tonneaux, de 2,000 bâtiments à vapeur, jaugeant 454,327 tonneaux, soit ensemble 27,663 navires et 4 millions 658,707 tonneaux. Le total de 1859 était de 27,602 bâtiments d'une jauge collective de 4 millions 653,091 tonneaux.

D'un autre côté, le nombre des bâtiments immatriculés, à la même date, dans les colonies britanniques, était de 9,428, d'un tonnage collectif de 36,784 tonneaux. Ces chiffres offrent, comparativement à ceux de 1859, une augmentation de 201 navires et 39,396 tonneaux.

On peut juger du grand rôle que Londres joue dans les relations commerciales et maritimes de l'Angleterre par le mouvement de sa navigation avec l'étranger; il a présenté cette année les résultats suivants, supérieurs de 1,005 navires à ceux de 1859 :

Navires sous pavillon anglais :	Entrées..	4,510
	Sorties...	3,043
	Total..	7,553

Navires sous tous pavillons :	Entrées..	9,136
	Sorties...	4,603
	Total..	13,759

La part du pavillon anglais s'est accrue de 292 navires et 166,945 tonneaux.

La France a participé au mouvement général pour 363,126 tonneaux, la Hollande pour 351,546, la Suède avec la Norwège pour 326,389, l'Union américaine pour 324,875, la Russie pour 321,427, l'Allemagne, sans la Prusse, pour 267,623, la Prusse en particulier pour 231,127, la Belgique pour 211,319, la Chine pour 177,587, l'Italie pour 111,842. Viennent ensuite, par ordre d'importance, l'Espagne et les Canaries, le Danemark, le Portugal et les Açores, les Indes Occidentales et Orientales (abstraction faite des possessions anglaises), le Brésil, la Grèce, le Pérou, l'Equateur et le Vénézuela, l'Egypte, Buenos-Ayres, le Chili, etc.

Un document, imprimé par ordre du Parlement, en avril 1861, donne les renseignements ci-après sur l'importance du houblon dans le Royaume-Uni.

Il existe en Angleterre 5,924 planteurs de houblon, dont les cultures réunies occupent un espace de 18,740 hectares, et ont donné lieu, en 1860, à une récolte du poids de 11 millions 163,000 livres (5 millions 023,000 kilogrammes), considérée comme des plus médiocres. Cette industrie est presque entièrement localisée dans le sud de la Grande-Bretagne.

Il a été perçu sur l'ensemble des houblonnières, durant la même année, un droit d'accise de 69.767 livres sterling (1 million 744,000 fr.).

Indépendamment de cette production indigène, la consommation du Royaume-Uni requiert du houblon étranger. Il en a été importé, en 1860, 3 millions 515,000 kilogrammes, dont plus de la moitié des Etats-Unis, et une bonne partie de la Belgique, d'Allemagne et des Pays-Bas. Sur la quantité totale de l'importation, il n'est ressorti des entrepôts, à destination de l'étranger et des colonies, que 100,000 kilogrammes.

En houblon indigène, l'Angleterre a exporté, durant la même année, 811,000 livres (362,000 kilogrammes), principalement pour l'Australie, où l'on fabrique de la bière, tout en en demandant de grandes quantités à la métropole.

Bien que, par suite du déficit constaté dans la récolte, les apports de houblon étranger se soient sensiblement accrus en 1860, il n'a, pendant cet exercice, été déclaré que 216,000 kilogrammes pour la consommation. Celle-ci, en effet; attendait l'application des nouveaux droits qui l'atteignent, et qui ont été réduits de deux livres sterling 5 shillings à une livre sterling par demi quintal métrique.

De 1801 à 1860, la quantité de thé consommée dans le Royaume-Uni (non compris ses colonies), s'est élevée de 11 à 35 millions de kilogrammes, et la somme des droits perçus sur cet article de 35 et demi à 36 millions de francs, bien que depuis dix ans la quotité du droit ait été abaissée de 1 franc par kilogramme. Il est vrai que, durant cet intervalle de 60 années, la population de la Grande-Bretagne et de l'Irlande a presque doublé : de 15 millions 828,000 habitants, elle s'est accrue de 29 millions 150,000 habitants, et le goût du thé a lui-même augmenté, car la consommation moyenne par tête, qui n'était que de 700 grammes en 1801, se monte, en 1859 et 1860, à un kilogramme 188. Le taux actuel du droit d'entrée sur le thé est de 1 shilling 5 deniers par livre (3 fr. 86 cent. par kilogrammes), et le prix moyen de cette denrée, à l'acquitté, de 3 shillings la livre (8 fr. 28 cent. par kilogr.). Au commencement du siècle, le thé avait ce prix en entrepôt et valait près de 12 fr. dans le commerce. On sait que c'est, avec le sucre et le tabac, l'article qui contribue le plus aux recettes des douanes du Royaume-Uni.

Le *Manchester Guardian* continue d'étudier à tous les points de vue la situation que la crise du coton fait aux manufactures du nord de l'Angleterre. Le nombre de manufactures travaillant le coton, dans le nord, y compris Manchester, est de 1,174, employant 157,392 ouvriers. Il y a en nombres ronds, 69,000 ouvriers travaillant de temps à autre, et 27,000 ne travaillant plus du tout. La moyenne du temps donné au travail des ouvriers occupés de temps à autre est de trois jours et demi par semaine. La proportion des ouvriers travaillant sans cesse est beaucoup plus grande à Manchester et à Bolton qu'en aucune autre ville.

Nous empruntons aux Annales du Commerce extérieur, publiées par le Ministère de l'Agriculture, du Commerce et des Travaux Publics, les documents ci-après, touchant le commerce anglais.

Parmi les principaux produits de l'industrie de Newcastle et du district auquel il sert de débouché, on compte pour 497,000 francs de briques réfractaires, 214,000 francs de verrerie, 196,000 francs de meules et de nombre d'autres objets non énumérés. En réunissant les valeurs des différentes marchandises exportées pour chaque pays, les ventes de ce port se totalisent ainsi :

A l'Allemagne	9,623,000 fr.
Aux Pays-Bas	5,200,000
Aux États-Unis	4,301,000
A la Russie	4,100,000
Au Danemark	4,079,000
A la France	3,649,000
A la Suède et Norwège	3,348,000
A l'Italie	3,100,000
A l'Espagne	2,621,000

En 1858, l'exportation des houilles de Newcastle avait été plus considérable en valeur; elle dépassait le chiffre de 18 millions de francs; mais les prix ont diminué depuis.

Un peu plus active en 1859 qu'en 1858, la navigation de Newcastle a représenté (entrée et sortie réunies) un mouvement de 12,381 bâtiments jaugeant ensemble 2,207,000 tonneaux, dont les deux tiers à peu près à la sortie. Voici du reste le rang occupé par les diverses nations dans ce mouvement, eu égard au tonnage :

Allemagne, France et ses colonies, Pays-Bas, Suède et Norwège, Danemark, Espagne, Italie, Russie, Turquie, et colonies anglaises.

Sur 1,146 bâtiments entrés à Newcastle, venant de France ou de ses possessions, le pavillon français n'en a couvert que 211, le pavillon anglais 761. Même proportion à la sortie où, sur 4,455 navires expédiés pour des ports français, notre marine n'a compté que pour 250 navires.

La navigation française, dans les ports à charbon du nord-est de l'Angleterre, a, dans son ensemble, pris un essor remarquable en 1860. Entrée et sortie réunies, elle a occupé 3,057 bâtiments d'un port total de 279,901 tonneaux, contre 2,384 bâtiments et 223,699 tonneaux en 1859. Cependant à Newcastle notre intercourse a fléchi, mais elle a été beaucoup plus active dans les autres ports du littoral, où les frais sont moindres, et notamment à Sunderland et à Hartlepool.

Comme nous l'avons déjà dit, l'Angleterre est le

pays le plus commerçant du monde, et c'est surtout à sa nombreuse marine marchande qu'elle doit cette influence, à la modicité du prix de la main-d'œuvre et aux nombreux bassins houillers que renferme son sol et qui permettent de faire face à tous les besoins de son industrie et même d'en exporter encore dans les pays étrangers.

Après l'Angleterre, la France est le second pays de l'Europe par l'activité commerciale. Nous l'avons démontré dans le chapitre précédent.

Le commerce des États-Unis est avec celui de l'Angleterre et de la France, le plus étendu du globe ; nous n'en parlerions pas ici, si, par suite des conflits qui ont lieu actuellement dans ce pays, la fermeture de cet important débouché et de ce vaste marché d'approvisionnement ne tenait pas en suspens, en Angleterre et en France, l'industrie et le commerce.

Les exportations s'élèvent en moyenne à 1 milliard 520 millions de francs pour les produits seuls des États-Unis, et à 1 milliard 170,000 francs, en y comprenant les réexportations des produit s étrangers. Les importations offrent en moyenne la somme de 1 milliard 160,000 francs. Le principal objet d'exportation est le coton brut qui sert à alimenter les manufactures anglaises et françaises.

On peut juger par là quelle perturbation a dû

amener la privation d'une matière première qui a pris une si grande place dans l'industrie ! Car la France qui, après l'Angleterre, est, en Europe, la plus grande consommatrice de coton, doit souffrir plus sensiblement de la guerre civile qui désole l'Amérique.

Voici du reste le relevé des quantités de coton récoltées dans la fédération, en 1860-61, et de l'emploi qui en a été fait jusqu'au 1er septembre dernier.

Au lieu de 4,670,000 balles de coton qu'elle avait atteint en 1859-60, la récolte de 1860-61 n'a été que de 3,656,000 balles, chiffre inférieur à celui de 1859-60, mais supérieur encore au produit des années antérieures.

A ces 3,656,000 balles, il convient d'ajouter 228,000 balles de stock existant au 1er septembre 1860, ce qui a élevé la quantité de coton disponible vers cette époque à 3,884,000 balles. Il a été exporté des États-Unis à l'étranger, du 1er septembre 1860 au 30 août 1861, 3,127,000 balles ; il est resté par conséquent 757,000 balles au pays producteur.

Des 3,127,000 balles de coton dirigées sur l'Europe pendant les douze mois expirant le 31 août 1861, la Grande-Bretagne aurait pris 2,175,000, la France 578,000, et les autres contrées 474,000 balles.

CHAPITRE IX

—

DU COMMERCE ET DE LA NAVIGATION,
EN BELGIQUE, HOLLANDE, ALLEMAGNE, PRUSSE,
AUTRICHE ET SUISSE.

La Belgique a aussi un commerce très-étendu. Elle exporte environ pour 460 millions de francs, et elle importe pour 450 millions ; et pourtant elle ne possède que deux ports principaux : Anvers et Ostende. Son principal commerce consiste en toiles de lin et de chanvre, draps, dentelles, tulles, graines oléagineuses, charbon de terre, houblon, sucre raffiné, marbres, chevaux, bétail, armes et munitions de guerre, ouvrages de fer, zinc, verrerie et pelleterie.

On importe en Belgique beaucoup d'étoffes de laine et de soie, des cotons imprimés, du café, du sucre, du coton, des graines, des métaux, des machines, des vins et des eaux-de-vie.

L'Angleterre, qui a été un instant sans rivale pour

le commerce, a su dès le principe lancer et fréter des
bâtiments qui allaient porter sur les points les plus
lointains du globe des matières inconnues pour des
populations peu civilisées. Du reste, depuis les
temps les plus reculés, nous voyons que les peuples
qui brillent par leur commerce possèdent une marine plus ou moins nombreuse qui assure un facile
écoulement aux productions indigènes.

L'Angleterre doit donc sa position de première
puissance commerciale à sa forte et puissante marine; elle a eu soin de relier par une ligne de paquebots, non-seulement ses ports avec ses colonies,
mais encore avec ses principaux centres de relations
commerciales. La Grande-Bretagne, non contente
de cela, a établi une immense navigation à vapeur,
qui va jusqu'aux extrémités des mers. Par l'établissement du service maritime dont nous venons de
parler plus haut, elle s'est proposée deux choses,
savoir : la première, c'est de transporter avec une
grande célérité ses marchandises, ses produits manufacturiers; la seconde, d'un côté est de permettre
à ses nationaux de se transporter dans les divers
pays, de s'y établir et d'y faire le commerce; d'un
autre côté, la facilité des communications engage
les étrangers à visiter la Grande-Bretagne, à y établir
des succursales de leurs maisons de commerce, ou à
échanger leurs produits contre ceux de l'Angleterre.

C'est là ce qui développe l'industrie, étend le commerce, alimente la marine, et, en un mot, augmente,
chaque jour, la richesse du Royaume-Uni.

Les Hollandais brillèrent longtemps par l'influence de leur marine commerciale. Cette même
marine ne leur a-t-elle pas, pendant plusieurs
siècles, assuré la suprématie sur tous les peuples, le
commandement de toutes les mers? — C'est elle
encore qui a puissamment contribué à développer
leur esprit de découvertes et d'aventures dans des
régions inconnues.

Maintenant qu'un traité de commerce et de navigation a été conclu entre la France et la Belgique,
cette dernière doit s'appliquer à donner de l'extension à sa marine. Qu'elle tâche d'imiter l'Angleterre
en petit, qu'elle sache attirer chez elle les étrangers
qui y trouveront des avantages qu'ils ne rencontre-
raient dans aucun pays. C'est en reliant ses ports
de mer avec les contrées lointaines, avec les principales places commerciales par des lignes de paquebots, que les Belges pourront, par ces moyens faciles
d'émigration, fonder dans certains pays des établissements industriels qui ne feront que prospérer.

Il ne faut pas perdre de vue que les Belges ont un
très-faible nombre de bâtiments à voiles, et encore
ne sont-ils pour la plupart que des bateaux de
pêcheurs qui vont se livrer à leur industrie sur les

côtes de Norwège. — Depuis le mois d'août 1861, on a établi, cependant, un service maritime régulier entre Anvers et New-York, service qui, nous n'en doutons pas, s'étendra à d'autres pays d'outre-mer.

Pour que la Belgique tire un véritable avantage de ses produits industriels ou manufacturiers, il faudrait qu'Anvers devînt un port essentiellement commerçant et possédât des paquebots qui pourraient relier ce port :

1° Avec le Brésil, pour le commerce du café ;

2° Avec Buenos-Ayres et Sidney, pour les différents produits de luxe;

3° Avec la Havane, pour les sucres et le tabac.

Outre ce service transatlantique, la Belgique devrait se préoccuper d'établir des communications suivies entre ses principales villes maritimes et les ports de la Suède, de la Norwège et du Danemark.

Ainsi donc, la Belgique doit posséder tôt ou tard une marine marchande qui facilitera encore ses relations commerciales.

Cette puissance envoie à la France beaucoup plus de marchandises qu'elle n'en reçoit, et c'est avec elle que le commerce spécial, c'est-à-dire celui des objets destinés à la consommation, est le plus considérable.

La Hollande, avec ses fleuves qui l'inondent plutôt qu'ils ne la coupent, son sol sous-marin, sa nature tout artificielle, semble n'être qu'un pied-à-terre prêté à ses habitants, qu'un entrepôt ouvert pour leur commerce. Habitués à lutter contre les éléments, fermes jusqu'à l'opiniâtreté, patients jusqu'à la fatigue, ils devaient faire d'excellents marins.

La Hollande a occupé un rang élevé dans les relations maritimes et commerciales. Le commerce de l'Inde, accaparé longtemps par les Portugais au seizième siècle, leur fut totalement enlevé par les Hollandais pendant le dix-septième. Le monopole des épices du monde entier fut surtout une source de richesses colossales pour les Hollandais, maîtres de Malacca, de Ceylan et de la plupart des îles de la mer des Indes.

La fermeture du port d'Anvers, exigée par l'égoïsme aveugle de la Hollande, écartait d'elle toute concurrence de la part des provinces belges demeurées alors aux mains de l'Espagne.

Maîtres sans rivaux du commerce des Indes orientales, les Hollandais divisèrent leurs domaines en cinq gouvernements : de Java, où ils avaient fondé, vers 1619, Batavia, la capitale de tous leurs établissements ; d'Amboine et de Ternate dans les Moluques, de Ceylan, de Macassar dans l'île Célèbes. Leur colonie du cap de Bonne-Espérance les rendait maîtres de la route d'Europe aux Indes.

Dominateurs des mers, ils en exploraient l'étendue. Plusieurs nations, notamment la France, se disputent la priorité de la découverte de la Nouvelle-Hollande, mais il est certain que les premières notions positives sur ce continent sont dues aux Hollandais, qui, de 1685 à 1742, dirigèrent sur les côtes plusieurs voyages de reconnaissance. Tasman découvrit pour la première fois la terre de Van-Diemen, la Nouvelle-Zélande, les îles Viti et des Amis; et, la seconde, releva une grande étendue des côtes de la Nouvelle-Hollande.

« Nulle puissance, dit M. Duruy, dans son *Histoire des temps modernes*, ne pouvait rivaliser encore avec les Hollandais dans l'art de la construction navale. Nul peuple ne pouvait offrir le fret à plus bas prix. Mais les bases de cette grandeur si soudaine étaient peut-être trop étroites pour qu'elle fût bien solide. La Hollande avait un trop petit territoire, une population trop peu nombreuse pour porter un si vaste empire! »

Colbert, ce ministre si intelligent, se préoccupa de l'influence que la marine hollandaise exerçait sur notre commerce; il résolut d'y remédier en prenant des mesures énergiques, et il accorda de fortes primes aux navires français pour l'exportation et l'importation. Mais ces mesures n'auraient pas été suffisantes, si Colbert n'avait eu l'heureuse idée de frapper au cœur l'influence maritime de la Hollande, en créant cinq grandes compagnies sur le modèle des leurs; les compagnies des Indes Orientales et Occidentales en 1664; celles du Nord et du Levant en 1666, et celle du Sénégal en 1673, et en déclarant que *quiconque s'occupait du service de la mer ne dérogeait pas à la noblesse.*

Nous voyons cependant qu'en 1747 le commerce de la Hollande, bien qu'ayant subi de graves dommages, était encore dans un état florissant, grâce à ses nombreuses colonies.

De ses possessions hors d'Europe, la Hollande n'a conservé que Négapatnam sur la côte de Coromandel, Saint-Georges dans la Guinée, la Guyane hollandaise, les îles de Saint-Eustache, Curaçao et Bonair-Araba, Java dont Batavia est la capitale.

Batavia est pour ainsi dire la seconde patrie des Hollandais; c'est là qu'ils songèrent à se retirer, lorsqu'en 1672 Louis XIV menaça de les conquérir. Elle a la corruption de toutes les grandes villes; c'est comme un caravansérail où chaque nation apporte le tribut de ses vices avec son commerce. Les maisons de jeu seules produisent à l'État plus de 400,000 francs.

Batavia comptait autrefois 500,000 habitants; aujourd'hui elle en a à peine 46,000, et cependant c'est encore la cité la plus commerçante de cette partie du monde.

Mais revenons à la Hollande proprement dite. Son commerce est très-animé; Amsterdam, Rotterdam, Dordrecht, Flessingue sont ses principaux ports. — Elle exporte du beurre, du fromage, des poissons conservés, du pastel, des graines oléagineuses, des filasses de lin et de chanvre, de la toile et du genièvre.

Ses importations consistent en sucre, denrées coloniales, vins, eaux-de-vie, laine, graines, bois, résines. Elle revend une grande partie de ces marchandises, et le commerce *de commission* y est très-étendu.

L'Allemagne est en grande partie renfermée dans une association commerciale nommée *Zollverein*, union douanière, à la tête de laquelle est la Prusse. Quelques États de la Confédération germanique n'ont cependant pas accédé à cette association. C'est par les voies de communications terrestres que le commerce de l'Allemagne a un immense débouché.

Les laines, bois, fils de chanvre et de lin, toiles, peaux, métaux, produits houillers, ouvrages de fer et d'acier, les graines oléagineuses, les céréales, les vins du Rhin et de Hongrie; les bestiaux, l'horlogerie, la bimbeloterie, la mercerie, les livres, le houblon, les eaux minérales, les jouets d'enfants et la potasse constituent à peu près le commerce d'exportation.

L'importation consiste en denrées coloniales, cotons bruts et filés, vins de France, soieries, bois de teinture, huiles, et articles de Paris.

Hambourg, Lubeck, Brème sont les principaux ports de l'Allemagne intérieure; de même que Dantzick, Kœnigsberg, Stettin, Stralsund le sont de la Prusse; Trieste et Venise de l'Autriche.

Le grand-duché du Bas-Rhin et la Silésie sont les pays les plus fertiles du royaume de Prusse. On trouve dans les montagnes de la Silésie des mines d'or et d'argent abandonnées, la dépense excédant le produit. On y exploite cependant le fer, le cuivre, le plomb et le charbon de terre, et l'on rencontre sur le territoire prussien des forêts immenses.

Le commerce de l'Autriche est assez florissant, et ses manufactures ont pris de l'essor depuis un siècle. Quant au mouvement intellectuel, il est moins marqué dans cet empire que dans le reste de l'Allemagne.

La ville de Dantzick possède des manufactures considérables et de nombreux chantiers de construction; ses eaux-de-vie sont renommées.

La Suisse est un petit pays qui semble bien maltraité par la nature; il n'y a rien de ce qui rend les autres si intolérants et leur inspire l'orgueil et la prétention de se suffire. Elle ne possède ni le fer ni le coton, ni la soie, ni le charbon, ni même le blé pour se nourrir; elle n'a pas de bâtiments pour expédier au loin ses produits, ni de ports où les matières premières puissent arriver sans encombre et à peu de frais ; elle n'a ni traité de commerce à passer, ni douaniers pour se défendre ; elle est isolée au milieu de l'Europe et ouverte à tous ses voisins. Malgré tout cela, ce petit État si dépourvu, si oublié, pour lequel le ciel semble avoir si peu fait et qui semble abandonné à lui-même, a pourtant des industries, une légion de manufacturiers, qui achètent où il leur convient d'acheter et vendent où il leur est possible de vendre.

Les métiers suisses ne tissent que des étoffes unies ou à carreaux, assurées toujours d'un placement avantageux.

Zurich a les étoffes, Bâle les rubans ; le travail est disséminé dans les villages qui les entourent et s'étend aux cantons les plus voisins. Zurich compte 20,000 métiers, Bâle 10,000, et l'ensemble de leur production peut être évalué à 50 ou 60 millions de francs.

Aussi la fabrication suisse a-t-elle pris, en Europe et en Amérique, un rang que les puissances du premier ordre lui envient et que personne ne saurait lui contester.

La Suisse n'exporte donc que peu de produits : des bestiaux, des peaux, du beurre, de l'horlogerie, des tissus de coton, des chapeaux de paille et des fromages. Elle importe par exemple des vins, des eaux-de-vie, des denrées coloniales, de l'huile et des tissus de laine.

CHAPITRE X

—

DU COMMERCE ET DE LA NAVIGATION EN RUSSIE, SUÈDE ET NORWÈGE, DANEMARK, ESPAGNE ET PORTUGAL.

Le commerce de la Russie, malgré l'immense étendue de son territoire, n'offre pourtant en moyenne que 300 millions de francs d'exportations et environ 200 millions d'importations.

La Russie d'Europe a son territoire généralement plat, les seules montagnes de quelques élévations se trouvant dans la Laponie et dans la Crimée. Elle se divise en six régions distinctes : la première comprend une vaste plaine qui s'étend jusqu'à la mer Blanche, et qui n'est susceptible d'aucune culture; aussi ses habitants ne vivent-ils que de la chasse ou de la pêche; la deuxième, également inculte, formée par le N.-E. et la Finlande, est presque complétement couverte de lacs; la troisième, située au sud de St-Pétersbourg, est la plus fertile, la mieux cultivée et la plus peuplée ; la quatrième embrasse tout le Pont-Euxin ; la cinquième renferme l'immense plaine du Sud arrosée par le Volga, et la sixième, qui comprend une grande partie des Monts-Ourals, est presque entièrement couverte de bois.

Nous ajouterons que presque tous les fleuves ou rivières de l'Empire russe sont d'une navigation facile, que son commerce principal se fait par la Baltique, où se trouvent les deux grands ports de Saint-Pétersbourg et de Riga ; les trois autres ports sont : Arkhangel, Odessa et Astrakan.

Les grains, le chanvre, les graines de lin et de chanvre, le fer, le cuivre, l'or, les peaux, les nombreuses fourrures, les cuirs, le suif, la toile, la potasse, l'aimant, le marbre, les bois de construction, sont les principaux objets de son exportation. L'importation consiste dans les tissus de coton, les tissus teints, les soieries, les lainages, le sucre et le café.

La Suède et la Norwège sont couvertes d'immenses forêts où croissent le pin, le sapin, l'orme, le frêne et l'if. Aussi y fait-on, en grand, le commerce des bois de construction. On pêche sur les côtes beaucoup de baleines et de harengs ; elle fournit en grande quantité de l'huile de poisson, des cuirs et des fourrures : Stokholm et Gothembourg, en Suède, Bergen et Christiania, en Norwège, sont les principaux ports de la monarchie scandinave, qui exporte du fer, du

cuivre, du goudron, du poisson et des bois de construction, soit pour le bâtiment, soit pour la marine.
Les cotonnades, la laine et le coton, les lainages, les
denrées coloniales et les vins, forment les principaux
produits de l'importation.

Il ne faut pas oublier que ce royaume a d'immenses chantiers où se construisent, pour le compte
de toutes les nations, un grand nombre de navires.

Plus heureux que la Suède et la Norwège, le Danemark est un pays en général assez agréable, beaucoup plus fertile et mieux cultivé, surtout dans le sud
du Jutland, dans le Holstein et dans les îles de la
Baltique. Les gras pâturages du Holstein nourris-
sent des chevaux et des bœufs estimés. Il exporte
beaucoup de céréales, de la bière, des esprits, du
goudron, des chevaux excellents, des bœufs, des
pelleteries, du poisson, des plumes et du duvet d'ei-
der, du cuivre, du fer et des bois de construction.
Son importation repose sur les divers produits manufacturés, le vin, l'huile et les fruits.

Copenhague, bâtie sur l'île de Séeland, ville forti-
fiée par la nature et par l'art, possède un port magnifique, pouvant contenir plus de 500 vaisseaux, dont
chacun a un magasin particulier près du lieu où il
est ancré. Il serait à désirer que chaque port de
commerce prît exemple sur celui-ci.

L'Espagne est un des plus beaux pays de l'Europe.

Il est peu de contrées qui offrent un aspect aussi varié, des sites plus pittoresques. Ses montagnes, couvertes de forêts, abondent en mines d'or et d'argent en petite quantité, de fer, de cuivre, de mercure, de couperose, d'étain et d'alun.

L'exportation de l'Espagne consiste dans les principales productions de son sol, telles que les vins, les fruits, les grains, les huiles, les eaux-de-vie, le plomb, le mercure, la couperose, l'étain, l'alun, le liége, la soie grége et la laine ; et, à ce sujet, il est bon de faire remarquer qu'en Espagne, les brebis ont la toison plus fine et la chair plus délicate que dans les autres régions de l'Europe. Le Royaume Espagnol importe les produits coloniaux, les poissons salés, le beurre, le fromage, les tissus de laine et de coton, la coutellerie, la verrerie, la poterie et les bois de construction.

Bilbao, l'un des principaux ports de commerce de l'Espagne, à six lieues de la mer, est une ville fort commerçante qui sert d'entrepôt immense pour les laines destinées à l'exportation. Cadix, Barcelonne, Alicante, si célèbre par ses vins excellents, Carthagène et la Corogne, sont les autres ports de commerce les plus importants.

L'Espagne se débat dans les routines de l'économie publique, accompagnées de leur cortége ordinaire, les révoltes et les prétentions des corporations ouvrières, et cependant il existe bien des éléments pour une régénération manufacturière. La Catalogne et le royaume de Valence soutiennent, du mieux qu'ils peuvent, leur vieille réputation pour les soieries et même, sur quelques articles spéciaux, conservent une certaine supériorité.

Les sages et importantes réformes apportées dans le système administratif, les encouragements donnés à l'agriculture et à l'industrie, les nombreuses voies ferrées qui faciliteront les transactions, tout concourt enfin à une amélioration sensible dans le commerce et l'industrie de l'Espagne, et cela, grâce à la bonne direction que S. M. la reine Isabelle II sait donner aux affaires.

Le Portugal, qui jadis était une des premières nations maritimes du globe, n'offre aujourd'hui qu'un faible reflet de sa grandeur passée, et cependant on ne doit attribuer ce changement qu'à l'inconstance des choses humaines et non à la nature de son gouvernement. Là, comme en Espagne, le sol est mal cultivé, quoique très-fertile, et les orangers, transportés de la Chine en 1548, y croissent en abondance et y forment des bosquets charmants. La vigne, dont les plants furent apportés de Bourgogne, y donne des vins délicieux.

Christophe Colomb, Vasco de Gama, Magellan, ces trois grands navigateurs portugais, par les nombreuses et importantes découvertes qu'ils firent, semblaient avoir à jamais assuré la prépondérance du Portugal. Mais, par un de ces brusques changements de la capricieuse fortune, cette superbe contrée fut plongée pendant plusieurs siècles dans l'oubli le plus profond. Des immenses et riches colonies que le Portugal possédait jadis, il ne lui reste plus que Goa et Diu dans l'Indoustan; Macao dans la Chine; les îles de Madère, du Cap-Vert, Açores, Saint-Thomas; la ville de Géba, l'Angola, le Benguela une partie du Congo dans la Guinée; le Mozambique et quelques établissements sur la côte de Zanguebar.

Les deux ports de commerce du Portugal sont Lisbonne et Porto. On exporte de ce royaume des vins, des citrons, du liége, des amandes, du fer, du plomb, du marbre, des figues, des fruits et du sel. On y importe des céréales, des salaisons, des œufs, des fromages, des chevaux, des mulets, des bois et des tissus.

Le royaume d'Angola, qui appartient aux Portugais, est situé sur la côte occidentale de l'Afrique. Le sol et le climat donneraient à ce pays une grande richesse de productions, si la culture n'y était pas fort négligée. Le riz, le blé, le maïs, l'ananas, la canne à sucre, le poivre, le coton, etc., y présentent autant de sources fécondes d'exploitation.

M. le docteur Welwitsch, chargé de l'exploration botanique de cette province, a reconnu que l'Angola offrait les meilleures conditions pour la culture du coton. Aussi le gouvernement portugais vient-il de prendre des mesures très-importantes qui ne manqueront pas de développer la production du coton dans les possessions d'Afrique.

A partir du 4 décembre 1861, l'exportation des cotons des provinces coloniales de l'Afrique est libre pendant dix ans. Le gouvernement met, en outre, à la disposition des cultivateurs, une somme annuelle de 10,000 francs pendant trois ans, pour faire l'achat des semences, machines et instruments spéciaux pour le coton. Des concessions de terrain seront en outre accordées aux nationaux et étrangers, moyennant une redevance annuelle de 20 centimes par hectare. Le maximum de chaque concession est fixé à 1,000 hectares. Les cultivateurs jouiront pendant dix ans du privilége de faire entrer, sans payer de droits, le matériel et les instruments nécessaires aux exploitations. Enfin, il serait distribué chaque année six prix d'encouragement de 25,000, 12,500 et 6,250 francs.

Gouverné par des princes adorés, le Portugal reprendra peu à peu l'influence qu'il a perdue, car son souverain semble avoir, comme son frère, que la mort cruelle vient d'enlever à l'affection de sa famille et à l'amour de son peuple, pris pour maxime cette belle devise d'un de leurs ancêtres, fils du roi Jean Iᵉʳ :

Vivre en faisant le bien.

CHAPITRE XI

DU COMMERCE ET DE LA NAVIGATION
DU ROYAUME D'ITALIE, DES ÉTATS-ROMAINS,
DE LA GRÈCE ET DE LA TURQUIE.

L'Italie, entrecoupée de montagnes et de plaines, offre des sites magnifiques, de glorieux débris qui rappellent à chaque pas le génie et l'héroïsme des anciens Romains.

La plus commerçante nation maritime avant la découverte de l'Amérique et du cap de Bonne-Espérance, l'Italie se trouvait le lien du commerce de l'Europe avec l'Orient. Venise et Gênes étaient les premiers ports du monde, tandis que maintenant ils ne sont que les deux ports les plus fréquentés de la Péninsule. — Riche en beaux marbres, en mines précieuses, surtout d'antimoine, de zinc, de cobalt, de plombagine; l'Italie renferme de superbes forêts en Sicile et dans l'île de Sardaigne.

Nous citerons parmi les autres ports : Livourne,

Naples, Palerme, Messine dans le Royaume d'Italie ;
Ancône et Civita-Vecchia dans les États de l'Eglise.

Quoiqu'il y ait en Italie beaucoup de terres incultes,
le sol, généralement fertile, produit principalement
du riz, du maïs, du blé, de l'huile, des oranges, des
citrons. On trouve dans ses montagnes des carrières
de marbre et d'albâtre. Ce sont ces divers produits
qui donnent lieu au commerce de l'exportation, avec
le miel, les pâtes, les perles fausses, les chapeaux de
paille, les fromages dits *parmesans*, la porcelaine,
les ouvrages en albâtre et surtout en mosaïque, et les
étoffes de soie.

A ce sujet nous dirons que de toute l'Italie, où la
fabrication des soieries joua autrefois un rôle si important, il n'y a plus guère aujourd'hui que le Piémont qui ait conservé quelques éléments du passé.
En effet, la Lombardie se concentre tout entière
dans le domaine de la filature, Vérone et Milan sont
incapables de produire des étoffes, mais en revanche
Gênes et Turin se réveillent de leur longue léthargie
et aspirent à renaître.

Gênes qui, pendant de longues années, avait le
privilége du beau velours, Gênes a été dépassée par
Turin ; la rivalité locale ne peut que favoriser l'industrie.

Le gouvernement du Roi Victor-Emmanuel aide
puissamment à cette renaissance ; il a vu le nerf des

industries là où il est, non dans l'exclusion mais dans la concurrence; aussi a-t-il abaissé les droits sur les soieries étrangères.

On importe en Italie les denrées coloniales, les tissus de laine, de lin et de coton, la quincaillerie et les poissons séchés ou salés.

La Grèce, ce berceau de la civilisation européenne, après avoir été administrée par un président, le célèbre Capo d'Istria, fut constituée en royaume en 1832, d'un commun accord entre la France, la Russie et l'Angleterre. Ces puissances appelèrent sur le trône de ce pays, Othon, second fils du roi de Bavière.

Le commerce maritime de cette nation est assez animé : Athènes, Syra, Nauplie, Corinthe en sont les principaux ports. Ses exportations consistent en fruits, raisins ordinaires et raisins de Corinthe, en céréales, laine, soie et éponges; l'importation lui fournit les peaux tannées, le sucre raffiné, le café, les verreries, les livres et les tissus de laine et de soie.

Quant à la Turquie, les Turcs s'adonnent très-peu au commerce; ils le laissent exercer par les Grecs, les Arméniens et les Juifs. Malgré l'abondance des matières premières, l'industrie y est fort arriérée; on fabrique cependant des tapis, des maroquins, des étoffes communes, des armes blanches.

Par sa position exceptionnelle, l'Empire Ottoman devrait avoir des relations commerciales très-animées. Assise à la fois sur la Méditerranée, la mer Noire et l'Océan Indien, la Turquie doit voir son commerce extérieur prospérer.

L'exportation consiste en laine, duvet de chèvre, bétail du Danube, peaux, céréales, soie, coton, tabac, fruits, noix de galle, opium, tapis, soieries, crins et marchandises qui, de Perse, des Indes et de la Chine, sont dirigées sur l'Europe. La Turquie importe des draps, des toiles peintes et imprimées, des denrées coloniales, de la coutellerie, de la quincaillerie et de la papeterie. Citons parmi les ports de l'Europe : Constantinople, Salonique, Galatz ; de l'Asie : Smyrne et Beirouth, et si nous ajoutons dans les Etats tributaires de la Turquie, Alexandrie, Rosette et Damiette, nous aurons parlé des divers ports qui constituent les *Échelles du Levant*.

Du reste, on estime que le commerce général de la Turquie avec les pays étrangers est de 1,200 millions de francs, et celui de province à province de 500 millions, ce qui donnerait un total annuel de 1,700 millions qui ne paraît pas exagéré.

Nous donnons à titre de simple renseignement l'aperçu ci-après de *l'Ensemble du Commerce extérieur de la Turquie*, lequel a été extrait d'une publication faite en décembre 1860, par la Compagnie concessionnaire de l'emprunt de la Porte-Ottomane :

« La Turquie possède de grandes richesses naturelles et peu de manufactures.

« Son commerce et son industrie, faciles à se développer d'ailleurs, ne sauraient entrer en comparaison avec ceux des grandes nations européennes ; néanmoins, par le chiffre des importations annuelles sur le marché de Constantinople, on doit reconnaître que la vie commerciale est encore très-active. Voici le chiffre de ses importations :

		Millions de francs.
	d'Angleterre	140
	de France	50
	d'Allemagne	15
Pour les marchandises	d'Italie	3
	de Suisse	10
	de Belgique	5
	de Hollande	2
	Total	225

« Cette masse de produits européens est absorbée par la consommation locale, la haute Roumélie, la rive droite du Danube, les principautés Moldo-Valaques, d'Anatolie, le Kurdistan, la Géorgie, etc.

« Quant au mouvement maritime, la position de Constantinople, cette clef du monde, est si merveilleuse, que, chose trop ignorée, cette ville est aujourd'hui le troisième port commercial de l'Europe ; elle vient immédiatement, par son importance, après Liverpool et Londres, immédiatement avant Marseille.

« On sait que le port de Liverpool constate un mouvement annuel d'environ 30,000 navires, cabotages compris.

« Eh bien ! en 1859, année normale où il ne s'est produit aucun mouvement extraordinaire de transports, le port de Constantinople a eu un mouvement de 27,029 navires. C'est presque le double du mouvement de Marseille en 1858. »

Nous ferons observer cependant que le chiffre si élevé de la navigation de Constantinople n'est, en majeure partie, que le résultat du mouvement incessant de la circulation d'une multitude de barques entre les deux rives du Bosphore.

CHAPITRE XII

—

Depuis 1852, le Gouvernement français, si préoccupé des améliorations à apporter à l'industrie et au commerce, avait sondé plusieurs fois l'opinion publique au sujet de diverses mesures économiques destinées à rompre enfin le système des prohibitions et de hauts tarifs sur un grand nombre de marchandises étrangères.

Ce système prohibitif était nécessaire en 1793, époque à laquelle il fut appliqué et du reste parfaitement justifié par les difficultés d'une situation tout exceptionnelle; il avait alors sa raison d'être. Mais depuis, pourquoi avoir maintenu une mesure restrictive qui ne pouvait qu'être nuisible à l'industrie et au commerce? C'est que toujours la routine et l'obstination de gens qui croyaient voir en cela leurs intérêts personnels lésés, mettaient des entraves à la liberté industrielle, et sacrifiaient ainsi à leurs prétentions les intérêts généraux et les progrès de l'industrie française.

En 1856, devant l'opposition des Chambres, le projet de réforme échoua encore et prorogea jusqu'en 1861 le système prohibitif.

En vertu de la constitution de l'Empire, S. M. Napoléon III prit l'initiative de conclure un traité de commerce avec l'Angleterre.

Si les mesures prises au sujet du projet de réforme présenté en 1856 avaient pu éveiller l'attention du public, ou la susceptibilité de certains industriels, la lettre de l'Empereur au Ministre d'État et aux Ministres de l'Intérieur, de l'Agriculture, du Commerce et des Travaux Publics faisait présager une révolution dans les lois économiques.

Cette lettre commençait ainsi : « *Depuis longtemps on proclamait cette vérité qu'il faut multiplier les moyens d'échange pour rendre le commerce florissant et que, sans concurrence, l'industrie reste stationnaire.....* »

On a beaucoup crié lorsque le traité de commerce entre la France et l'Angleterre fut signé ; les uns se plaignaient de ce que l'enquête sur le projet de traité et les études préparatoires n'avaient pas été livrées au grand jour de la publicité; les autres, sans vouloir marcher dans la voie du progrès, cherchaient à entraver, par mauvais vouloir et par parti pris, la solution de cette importante question de la liberté industrielle.

Mais il y avait un danger à livrer à la publicité les résultats de l'enquête et les études faites dans le silence du cabinet par des hommes d'État compétents et des industriels distingués; il y avait un danger que l'on a vu se réaliser lorsqu'on a présenté des lois modifiant gravement les tarifs des douanes : c'est qu'en attendant que ces lois soient votées, des spéculations s'organisent, se pressent et arrivent à des résultats qui, plus tard, seront nuisibles à l'industrie et surtout à la consommation.

Quelquefois un état de stagnation se manifeste.... En attendant la Loi ou le Décret, l'industrie prend une attitude expectante, d'où résultent, d'une part, des chômages pour la classe ouvrière, d'autre part des embarras pour la consommation, ce qui est toujours très-regrettable.

Le Traité de Commerce avec l'Angleterre a reçu son dernier complément le 1er octobre 1861 par la levée de toutes les prohibitions, et est entré pour quelques millions dans l'accroissement des revenus indirects de la France; mais l'importation des produits anglais a été loin de prendre le développement excessif que certains esprits trop facilement alarmés avaient redouté.

On avait calculé que la réforme du tarif donnerait en 1861 une augmentation de recettes de 2 millions 282,000 francs, pour les fontes et les fers, et de 3 millions 321,000 francs pour les tissus et produits divers. L'excédant des recettes réalisé a été de 6 millions 400,000 francs.

Nos exportations pour l'Angleterre et la Belgique se sont accrues de 30 millions en 1861, quoique le chiffre total de nos exportations, que l'administration ne peut pas encore préciser, ait subi une diminution par suite de la crise américaine.

Le ralentissement du travail dans quelques-unes de nos grandes villes manufacturières, Lyon, Rouen, Lille et Mulhouse, tient à la même crise, au renchérissement du coton et à la cherté des subsistances.

Aux termes de l'article 15 du traité de commerce conclu, le 23 janvier 1860, entre la France et l'Angleterre, les nouveaux tarifs qui devaient être établis à l'importation des marchandises d'origine et de manufactures britanniques, étaient applicables dans les délais suivants : 1° pour la houille et le coke, à partir du 1er juillet 1860; 2° pour les fers, les fontes, les aciers, qui n'étaient pas frappés de prohibition, à partir du 1er octobre suivant; 3° pour les ouvrages en métaux, machines, outils et mécaniques de toute espèce, dans un délai qui ne devait pas dépasser le

31 décembre 1860; 4° pour les fils et les tissus de lin et de chanvre, à partir du 1er juin 1861; 5° enfin, pour les autres articles, à partir du 1er octobre 1861.

Déjà les marchandises énumérées dans les quatre premières catégories de l'article 15 du traité, ont pu, aux dates indiquées ci-dessus, être importées en France aux droits nouveaux fixés par les conventions complémentaires conclues entre la France et l'Angleterre. Mais c'est à partir du 1er octobre 1861 qu'ont été admises en France, suivant le tarif déterminé par ces conventions et par le traité intervenu le 1er mai 1861, entre la France et la Belgique, les marchandises d'origine anglaise et belge jusque-là prohibées, telles que la plupart des fils et tissus de laine et de coton, la coutellerie, la carrosserie, les poteries de grès fin, etc., etc.

Voici du reste les premiers résultats du Traité de Commerce contracté entre la France et l'Angleterre.

Le nouveau traité a déjà produit certains effets en Angleterre; il est à remarquer toutefois qu'à part quelques expéditions de fer et de cuivre, les envois ont, en majeure partie, été faits à titre d'essai ou d'échantillon.

On écrivait de Birmingham, fin juin 1861 :

« L'augmentation signalée dans la délivrance des certificats d'origine, s'est considérablement accrue. Dans un laps de temps de quarante jours, le commerce de ce pays avait demandé trente certificats d'origine. Il en a été délivré vingt-sept pendant le mois qui vient de finir ; c'est donc une amélioration sensible. Si le nombre des demandes de certificats pour Birmingham s'est augmenté, les districts voisins ne sont point restés en arrière. Ainsi, il faut citer Wolverhampton pour les articles de ménage en ferblanc, les ressorts de voiture et les vernis ; Leicester, pour des articles de bonneterie ; Briston, pour des papiers mâchés ; Bedditch, pour des aiguilles à coudre ; Stafford, pour des terres cuites. »

Ce ne sont pas seulement les maisons anglaises qui tentent d'augmenter leurs affaires avec la France ; plusieurs commerçants de notre pays ont envoyé directement des représentants dans la circonscription de Birmingham pour y faire quelques commandes d'échantillons, principalement en terres cuites.

Des avis également datés de Birmingham, le 7 septembre 1861, portaient ce qui suit :

« Les exportations du Royaume-Uni sont généralement en baisse comparativement à 1860, et, toutefois, il y a un accroissement sensible dans les expéditions pour la France en particulier. »

Pour les fils de laine, les envois sont demeurés, en 1861, au-dessous du chiffre de 1860 ; les valeurs de soie moulinée se sont accrues d'environ 2,000 livres sterling. Pour le cuivre brut, il y a eu diminution de 248,494 livres sterling. — Enfin l'ensemble de l'exportation britannique à la France, pendant les six premiers mois de ces deux années, s'est élevé de 58 millions de francs à 76 millions 500,000 francs.

On écrivait des districts manufacturiers du Royaume-Uni (octobre 1861) :

« Partie des opérations en lainages de Leeds et de Bradford, en septembre, a été due à l'initiative des maisons françaises, qui sont venues faire des commandes assez considérables d'étoffes à bon marché. A Nottingham, il en a été de même pour les tissus de coton ; et à Sheffield, pour la coutellerie. »

Tout en cherchant à connaître les pays les plus propres à la culture du coton, tout en essayant de développer partout la production, c'est principalement vers l'Inde que les regards de l'Angleterre se tournent pour essayer d'atténuer le déficit que pourra présenter encore cette année les envois des États-Unis, et pour se mettre, dans l'avenir, à l'abri des conséquences d'une crise aussi inquiétante.

Le gouvernement colonial de l'Inde a déjà ordonné l'établissement de routes destinées à relier les districts cotonniers avec les ports d'embarquement de la Péninsule. D'autres questions importantes sont également soumises à l'examen administratif, et notamment l'adoption des mesures propres à assurer la validité des contrats et à donner force à la législation.

L'Angleterre, sans contredit, tirera un avantage immense du traité de commerce conclu avec la France, mais ce ne sera que de courte durée. L'industrie française et l'industrie anglaise rivaliseront avec ardeur, et cette rivalité sera pour la France, nous n'en doutons, le sujet d'une éclatante supériorité.

La France manufacturière est assez forte pour supporter la concurrence ou l'imitation sans en souffrir, et elle gardera l'honneur d'être pour les industries de luxe, l'atelier d'échantillons du monde entier. On copie ses dessins au dehors, mais on les copie mal.

La houille, le fer et la fonte sont les principales bases du commerce anglais. — Pour ses produits houillers, l'Angleterre a mille débouchés; c'est elle qui alimente les ports de Cherbourg, Brest et Lorient, c'est elle qui fournit à presque toute la marine française le charbon dont elle a besoin.

Depuis longtemps on parlait d'apporter des modifications à la nature des relations commerciales entre la France et l'Angleterre; ces modifications, le traité contracté entre ces deux puissances les a pleinement réalisé.

L'expérience décisive qui vient d'être faite a montré que les calculs qui avaient servi de base aux nouveaux tarifs étaient justes, et que les craintes qu'on s'était plu à répandre parmi nos industriels étaient sans fondement.

« Il faut multiplier les moyens d'échange pour rendre le commerce florissant, car sans concurrence l'industrie reste stationnaire! »

Pénétrons-nous donc de ces sages paroles prononcées par Sa Majesté l'Empereur.

Que nos industriels soient persuadés qu'une politique commerciale, à la fois libérale et prudente, sera toujours pour la France une source féconde d'accroissement pour le revenu public; de progrès pour l'industrie et d'activité pour nos relations internationales.

CHAPITRE XIII

LA BELGIQUE DEVANT L'HISTOIRE.

Si nous jetons un coup d'œil rétrograde dans les
temps anciens, nous voyons que la Belgique ancienne était beaucoup plus grande que la Belgique
actuelle.

Cette contrée comprenait, au temps de César,
toutes les contrées entre le Rhin, l'Océan, la Seine
et la Marne. Sous Adrien, on y adjoignit le pays des
Séquaniens, des Helvétiens et des Lingones. On la
divisa alors en 4 provinces : Belgique Ire, au N.-O.;
Belgique IIe, au centre ; Germanie Ire, au N. et Germanie IIe, à l'E. — La première Belgique comprenait le pays des Trévires, des Médiomatrices, des
Leuces et des Vérodunais qui répondent aux dépar-
toments de la Meurthe, de la Moselle, de la Meuse et
à une partie de la Prusse Rhénane. La ville principale était Trèves ; la seconde comprenait le pays des
Nerviens, le Belgium, le pays des Morins, des Véro-

manduens, des Silvanectes, des Viducasses, des Sois-
sonnais, des Rémois et des Catalannes, qui forment
aujourd'hui la Flandre occidentale et orientale , le
Hainaut et les départements du Nord, du Pas-de-
Calais, de la Somme, de l'Oise, de l'Aisne, de la
Marne et de l'Aube, capitale Reims.

César, dans ses *Commentaires*, vante la bravoure
et la sobriété des Belges. Ils étaient ennemis du faste
et du luxe, guerriers courageux et travailleurs infatigables.

La Belgique fit partie des Pays-Bas dans le moyen
âge et les temps modernes : tour à tour sous la domination de l'Espagne, de l'Autriche et de la Hollande. Réunie à la France, en 1795, elle forma les
départements des Deux-Nèthes, de l'Ourthe, de Sam-
bre-et-Meuse, de la Meuse-Inférieure, des Forêts, de
Jemmapes, de la Lys, de l'Escaut et de la Dyle.
Réintégrée à la Hollande, en 1815, sous l'autorité de
Guillaume de Nassau, la Belgique conquit sa liberté
en 1831, et prit alors place parmi les nations européennes.

Le 21 juillet 1831, le Congrès National appela
à la tête de la monarchie constitutionnelle belge,
Léopold Ier, né à Cobourg, le 16 décembre 1790.

Fils de S. A. S. François-Antoine, duc de Saxe-
Cobourg, Léopold Ier épousa en premières noces la
princesse Charlotte-Auguste, fille de Georges IV, roi

d'Angleterre. Veuf en 1817, il se maria de nouveau à Compiègne, le 9 août 1832, à la princesse Louise-Marie-Isabelle d'Orléans, dont il eut trois enfants : 1° S. A. R. le duc de Brabant, héritier présomptif ; 2° S. A. R. le comte de Flandre et S. A. la princesse Marie-Charlotte-Amélie.

Le gouvernement est représentatif ; le pouvoir législatif réside dans les deux chambres des représentants et du sénat.

La Belgique est actuellement divisée en neuf *Provinces*, administrées par des *Gouverneurs* et subdivisées en *districts* à la tête desquels sont placés des *Commissaires* ; les *Bourgmestres* remplissent des fonctions analogues à celles des maires en France.—Les provinces sont : la province d'Anvers, chef-lieu Anvers ; Brabant, Bruxelles ; Flandre occidentale, Bruges ; Flandre orientale, Gand ; Hainaut, Mons ; Liége, Liége ; Limbourg, Hasselt ; Luxembourg, Arlon.

Parmi les belles mesures prises sous le règne de Léopold, nous devons signaler l'abolition des octrois, vestige du régime féodal, impôt désagréable et tracassier pour tous, qui a été remplacé par une surtaxe sur la bière ; l'unité monétaire indispensable pour la facilité des relations commerciales, et enfin la signature du traité de commerce avec la France, sans compter la préparation d'un traité analogue avec l'Angleterre.

CHAPITRE XIV

DU TRAITÉ DE COMMERCE CONTRACTÉ ENTRE LA FRANCE ET LA BELGIQUE.

Il y avait un traité signé en 1854 avec la Belgique qui devait expirer le 1er juin 1861. Dès lors, il était bon d'en renouveler et d'en modifier les dispositions fondamentales.

Par l'ancien traité, la Belgique avait la faculté d'introduire en France les toiles jusqu'à concurrence de 2 millions de kilogrammes, et, depuis la promulgation du traité de 1854, elle n'a jamais pu fournir plus de la moitié du contingent qui lui avait été assigné ; et l'Angleterre a de plus grandes difficultés encore à surmonter, car elle a, en outre, les droits de transports et de commission.

Le commerce, c'est l'avenir et la prospérité d'un pays, c'est le bonheur pour toute une nation. Plus il est florissant, plus grande est la sécurité et la tranquillité d'un État.—N'oublions pas que les traités de commerce ont un élément moralisateur, un but de civilisation qui remontent non-seulement aux siècles derniers, mais encore à la plus haute antiquité. C'est par la facilité des échanges, par les relations de chaque jour que s'établissent une sorte d'alliance amicale qui repose sur les bases solides de la fortune et des intérêts particuliers, une espèce de communauté entre deux nations amies.

Notre Traité avec la Belgique ne sera donc un préjudice pour personne, puisque, comme nous l'avons dit plus haut, jamais la Belgique n'a atteint le maximum des importations. Aussi a-t-on maintenu, dans le nouveau traité, les anciennes stipulations pour ce qui concerne les toiles. Du reste, par suite de ce système du libre échange, nos manufactures d'Alsace, du Nord, de la Seine-Inférieure, sont loin d'être en souffrance, et nous ajouterons même, que celles de Mulhouse et de Roubaix sont dans une véritable prospérité.

Son Exc. M. Baroche, Président du Conseil d'Etat, disait au sujet de ce traité, dans le remarquable rapport qu'il fit aux chambres l'année dernière :

« J'aurai l'honneur de vous rappeler que ce n'était pas le premier traité que nous avions fait avec la Belgique ; nous en avions déjà contracté un en 1845, et un autre en 1854. — Quelle a été, pour notre industrie, la conséquence de ces premiers traités ?

« En 1845, époque du premier traité, nos importations en Belgique étaient de 46 millions ; elles se sont élevées successivement à

140 millions, et après le traité de 1854, à 150 millions. Quant à la Belgique, ses importations, qui n'ont jamais dépassé 139 millions, s'abaissaient en 1850 à 130 millions. »

Ainsi, nos importations en Belgique ont augmenté dans une proportion considérable ; et quant aux importations de la Belgique, elles ont été en décroissant, malgré ou peut-être à cause des traités de commerce qui sont intervenus entre les deux pays.

Par conséquent, le traité belge forcera les commerçants des divers pays à apporter plus de soin, plus d'attention dans la fabrication des produits manufacturés. Car ce sera le tissu qui sera le mieux confectionné, ce sera le lainage qui présentera le plus de solidité, le plus de beauté, qui trouveront des acheteurs. Voilà pour ce qui concerne les fabricants belges. D'un autre côté, les manufacturiers français ne voulant pas se laisser distancer par les produits belges ou anglais, prendront à cœur de perfectionner leurs objets, car, avant cela, ils s'en souciaient fort peu, ne craignant pas la concurrence et surtout le bon marché.

Peut-être les draps belges, les étoffes anglaises vont-elles entrer en plus grande quantité en France, et arrêter la vente de nos draps. — Ce temps d'arrêt sera de courte durée, surtout en ce qui touche les tissus anglais, qui ne l'emportent sur les nôtres que par leur extrême bon marché, mais qui ne pré-

sentent pas la diversité des dessins et des couleurs
qui est l'apanage de notre pays.

« Cependant, disait le Rapport que nous citions plus haut, cependant on a comparé le traité belge et le traité anglais, et on s'est plaint du défaut de sécurité, de stabilité qui pèse en France sur le commerce et l'industrie, en faisant remarquer, par des indications rapides, qu'à quelques mois d'intervalle certaines différences avaient été admises entre les tarifications du traité belge et celles du traité anglais. On a cité particulièrement l'industrie des lins et plus particulièrement les coutils..... Les coutils, antérieurement aux traités belge et anglais, étaient tarifés d'après leur destination. Les coutils destinés à la literie et à la tenture payaient un droit plus faible; ceux destinés aux vêtements acquittent un droit plus élevé. C'était là assurément un mode de tarification qui pouvait paraître vicieux. Dans le traité anglais, on prit pour base de tarification des différentes étoffes de lin le nombre de fils de chaîne que l'on pouvait compter à l'aide d'un petit microscope, et suivant qu'il y avait un nombre plus ou moins considérable, on arrivait à des droits plus ou moins élevés. — On s'était servi de ce procédé pour la tarification des coutils dans le traité anglais; et on avait établi divers droits calculés d'après le nombre de fils. — Des réclamations nombreuses se sont élevées de la part de l'industrie elle-même ; on a fait remarquer que cette supputation de nombreux fils de chaîne était pour le coutil d'une difficulté bien plus grande que dans les autres tissus, par la raison que les fils de chaîne et de trame se recouvraient alternativement, et que la vérification au microscope devenait presque impossible. C'est pour cela qu'on a substitué, dans le traité belge, un droit de 16 pour 100 à la valeur, à la tarification spécifique établie par le nombre de fils dans le traité anglais. »

Nous ajouterons que, d'après les stipulations du traité belge, les alcools ont été tarifés à 20 francs et par conséquent plus imposés que dans le traité de commerce avec l'Angleterre.

Quelques-unes de nos industries sont en souffrance, dit-on de tous côtés. — Oui, elles sont en souffrance; mais ces souffrances ont-elles pour cause les traités de commerce? — Certes, non! — C'est à la perturbation apportée dans les affaires par la crise américaine qu'il faut attribuer cette gêne momentanée et cette souffrance qui planent, pour ainsi dire, sur certaines branches de l'industrie manufacturière de la France, et plus spécialement sur celles de la laine et de la soie; mais il serait injuste d'en faire retomber les conséquences sur la conclusion des traités de commerce.

Signé le 1ᵉʳ mai 1861, le traité avec la Belgique, comme le traité franco-anglais, avait fixé au 1ᵉʳ octobre dernier l'époque de la levée des prohibitions.

Du reste, S. M. le roi des Belges a si bien compris l'heureuse influence que doit exercer sur le commerce la levée de toutes mesures prohibitives, qu'en ce moment même on élabore un nouveau traité entre la Belgique et l'Angleterre, qui pourra bientôt être soumis à la sanction des deux puissances contractantes.

CHAPITRE XV

DU TRAITÉ DE COMMERCE ENTRE LA FRANCE ET
LA TURQUIE.

Le 20 avril 1861, la France signait avec la Turquie
un traité de commerce dont les ratifications furent
échangées à Constantinople le 29 juin suivant. Par
conséquent, ce traité, par la date de sa conclusion,
prend rang avant celui signé entre la France et la
Belgique, et ses dispositions, de même que celles des
traités anglais et belge, devaient être mises à exécution à partir du 1er octobre 1861.

Par cet acte sont confirmés les droits, priviléges et
immunités qui ont été conférés aux sujets et bâtiments français par les conventions ou traités anté-
rieurs. Par une stipulation spéciale, il est entendu
que tout privilége accordé à l'avenir à toute autre
puissance appartiendra de droit aux sujets et bâtiments français.

En vertu de l'art. 2, les Français pourront acheter
tous les articles provenant du sol ou de l'industrie de

l'Empire Ottoman, soit pour le commerce intérieur, soit pour l'exportation. De plus, le gouvernement turc ayant aboli tous les monopoles, il sera perçu les mêmes droits que ceux payés par les sujets ottomans les plus favorisés.

Ainsi les produits transportés au lieu d'embarquement par des négociants français payeront un droit unique de 8 0/0 de leur valeur. Ce droit sera abaissé chaque année de 1 0/0 jusqu'à ce qu'il ait été réduit à une taxe fixe et définitive de 1 0/0, destinée à couvrir les frais généraux d'administration et de surveillance. — Les produits français importés par des Français seront admis dans toutes les parties de l'Empire Ottoman, moyennant un même droit de 8 0/0. Toutefois les marchandises invendues pour la consommation turque et qui seront réexpédiées dans le délai de six mois, seront considérées comme marchandises de transit, et les sommes versées seront restituées immédiatement.

Les articles d'importation étrangère, destinés à la Moldo-Valachie et à la Serbie, traversant le territoire ottoman, n'acquitteront les droits qu'à leur arrivée dans les Principautés et réciproquement.

Le droit de 3 0/0, prélevé jusqu'à ce jour en Turquie sur les marchandises importées pour être expédiées dans d'autres pays, sera réduit à 2 0/0 dès la mise en vigueur du traité.

L'art. 9 dit que : « les sujets français qui se livrent au commerce des articles produits du sol et de l'industrie des pays étrangers, jouiront des mêmes droits que les sujets étrangers trafiquant des marchandises de leur propre pays. » — D'après les articles 10 et 11 du susdit traité, le tabac et le sel cessent de faire partie des marchandises que les Français ont le droit d'importer en Turquie; aucune taxe ne sera perçue désormais sur ces produits expédiés de la Turquie par des Français. Les sujets français ne pourront plus apporter ni canons, ni poudre, ni armes, ni munitions de guerre, sauf, bien entendu, les fusils de chasse, les pistolets et armes de luxe. Toute marchandise introduite en fraude sera frappée de confiscation.

Toutes les marchandises et produits du sol ottoman, importés en France par des bâtiments turcs, seront traités comme produits similaires des pays les plus favorisés.

Ce traité est rendu exécutoire dans toute l'étendue de l'Empire Turc, pendant 28 ans, en Europe, en Asie, en Egypte et dans les autres parties de l'Afrique appartenant à la Sublime-Porte, et également dans les Principautés Danubiennes.

Le nouveau tarif des droits de douane restera en vigueur pendant sept ans; néanmoins les deux puissances contractantes auront le droit, un an avant

l'expiration de ce terme, d'en demander la révision;
dans le cas contraire, le tarif sera prorogé d'une période de sept années.

Telles sont les principales clauses du traité franco-
turc, promulgué par décret impérial daté de Vichy,
le 14 juillet, et qui devait avoir son plein et entier
effet à partir du 1er octobre dernier. Mais à cette
époque, le gouvernement ottoman a demandé que
l'application de ces conventions fût reportée au 13
mars 1862, parce que les négociations ouvertes entre
la Turquie et diverses puissances pour la conclusion
de traités de commerce conformes à ceux qu'elle a
récemment signés avec la France, l'Angleterre et le
royaume d'Italie, n'étaient pas encore terminées, et
l'un commun accord la mise en vigueur du traité
franco-turc a été fixée au 13 mars prochain.

Nous croyons que ce traité est très-avantageux
pour la France qui pourra tirer de l'Empire Ottoman
une quantité considérable de céréales. Il ne faut pas
oublier que le coton est cultivé en Turquie, son pays
natal, et que les produits excellents qu'offre le co-
tonnier, avec quelques soins intelligents, suffiront à
rendre à la Turquie l'activité et la richesse. Que le
Gouvernement Ottoman se pénètre bien de cette pensée et encourage d'une manière toute particulière,
la culture de cet arbuste.

L'élève des vers à soie est une des ressources les

plus précieuses de l'agriculture. Les soies de la Turquie sont très appréciées par les manufacturiers ; elles sont principalement expédiées en France, et, par suite de la conclusion du traité franco-turc, l'industrie française trouvera d'immenses avantages à la facilité apportée dans les relations commerciales.

CHAPITRE XVI

—

DES CONVENTIONS LITTÉRAIRES ET ARTISTIQUES ET DE
LA LÉGISLATION RÉGISSANT CETTE MATIÈRE.

« Dans sa haute bienveillance pour les intérêts de la littérature et
des arts, Votre Majesté, disait Son Excellence le Ministre d'État dans
le Rapport qu'il soumit à Sa Majesté l'Empereur le 28 décembre
dernier, a voulu que la question de la propriété de l'œuvre intellectuelle fût examinée de nouveau.

« Agitée depuis un siècle, attaquée et défendue tour à tour par les
plus grands esprits, éclaircie par les anciens débats et par les nouvelles études dont elle a été l'objet, cette question si importante pour
les écrivains et pour les artistes, demande à recevoir enfin sa solution, et la législation qui doit définitivement la régler est impatiem-
ment attendue. Déjà, Sire, la généreuse initiative de Votre Majesté a
produit deux résultats considérables. Le décret du 28 mars 1852 a
posé et reconnu le droit international de propriété littéraire et artistique, et les principaux États de l'Europe se sont engagés par des conventions, à la réciprocité vis-à-vis de la France. Enfin, la loi du 8 avril
1854 a étendu à trente ans la jouissance attribuée aux enfants des
auteurs, des compositeurs et des artistes. »

Et, conformément aux conclusions du rapport présenté par S. Exc. le Ministre d'Etat, S. M. l'Empereur nomma, par décret, une commission prise dans

les grands corps de l'Etat, dans l'Institut et parmi d'autres notabilités de la Science, des Lettres et des Arts, à l'effet de préparer un projet de loi pour réglementer la propriété littéraire et artistique et coordonner dans un code unique la législation spéciale.

Si l'on se reporte à la définition donnée à la propriété littéraire par les hommes les plus éminents, on ne peut méconnaître que cette propriété n'ait droit à la protection la plus large, la plus étendue. « Cette propriété est la première, la plus sacrée, la plus imprescriptible de toutes, » disait l'édit rédigé par Turgot. — Le prince Louis-Napoléon écrivait en 1844 : « *L'œuvre intellectuelle est une propriété comme une terre, comme une maison ; elle doit jouir des mêmes droits et ne pouvoir être aliénée que pour cause d'utilité publique.* »

D'après M. Hetzel qui vient d'écrire dernièrement une remarquable brochure sur *la Propriété littéraire et le domaine public*, quand une œuvre de l'esprit est livrée au public, qu'arrive-t-il ? C'est que deux intérêts se trouvent en présence : l'intérêt du public, à qui l'auteur a offert son œuvre avec l'intention manifeste de lui en abandonner le profit moral ; l'intérêt de l'auteur, lequel consiste à tirer un profit personnel de ce qui, dans son œuvre, constitue une propriété matérielle.

Cette question de la propriété littéraire et artisti-

que a toujours soulevé d'immenses difficultés devant
lesquelles, à deux reprises différentes, les commis-
sions chargées d'en étudier la législation ont toujours
reculé, et même encore aujourd'hui, cette question
donne lieu à la controverse. Il nous semble, avec
M. Hetzel, que le meilleur moyen d'aviser à cette
intéressante question, serait de déclarer le domaine
public libre, mais payant.

Il résulte des divers documents que nous avons
consultés, que, du 28 août 1843 au 30 octobre 1858,
la France a conclu, avec vingt-cinq puissances européennes, vingt-huit conventions, ayant pour objet la
protection réciproque de la propriété intellectuelle.
Nous ajouterons à ces vingt-huit conventions celles
signées le 1ᵉʳ mai 1861, avec la Belgique et l'Angleterre, le 6 avril 1861 avec la Russie (cette dernière
convention promulguée le 22 mai 1861), et dernniè-
rement encore avec le royaume d'Italie.

Examinons la nature de vingt-huit conventions antérieures à Octobre 1858. Dix-huit de ces conventions
sont tout à la fois littéraires et artistiques, c'est-à-dire
qu'elles s'appliquent à toutes les manifestations de la
pensée réalisées par la plume, le pinceau, le ciseau,
le burin ou le crayon. Ces conventions ont été conclues avec *les États Sardes*, *le Portugal*, le Hanovre,
l'Angleterre, le Brunswick, *la Belgique*, l'électorat
de Hesse-Cassel, le grand-duché de Saxe-Weimar-

Eisenach, le grand-duché d'Oldenbourg, *l'Espagne*, les principautés de Schwarzbourg-Sondershausen et de Schwarzbourg-Rudolstadt, le *grand-duché de Bade*, la ville libre de Hambourg, le royaume de Saxe, le grand-duché de Luxembourg et le canton de *Genève*. — Sept conventions purement littéraires ont été conclues avec le grand-duché de *Hesse-Darmstadt*, le landgraviat de *Hesse-Hombourg*, les deux principautés de Reuss, le duché de *Nassau*, la principauté de Waldeck et *les Pays-Bas*.

Les droits de traductions sont garantis sous certaines conditions en *Sardaigne*, *Portugal*, Angleterre, Belgique, *Espagne*, dans le grand-duché de *Bade*, les Pays-Bas, la Saxe et à Hambourg et Genève.

Aucune stipulation relative à la traduction n'a été comprise dans les traités avec les États ci-après : Hanovre, Brunswick, Hesse-Darmstadt, Hesse-Hombourg, Toscane, Reuss (branche aînée et branche cadette), duché de Nassau, Hesse-Cassel, Saxe-Weimar-Eisenach, Oldenbourg, Schwarzbourg-Sondershausen et Schwarzbourg-Rudolstadt, Waldeck et Luxembourg.

Deux États seulement n'accordent aucune garantie relativement à l'exécution des compositions musicales ou à la représentation des pièces de théâtre; ce sont : la Hollande et le canton de Genève. Mais l'exécution

ou la représentation des œuvres musicales et dramatiques est garantie à titre de réciprocité dans les
États Sardes, le Portugal, l'Angleterre, le Hanovre,
le Brunswick, la *Belgique*, la *Hesse-Darmstadt*, la
Hesse-Hombourg, les deux principautés de Reuss, le
Nassau, la Hesse-Cassel, la Saxe-Weimar-Eisenach,
le grand-duché d'Oldenbourg, les principautés de
Schwarzbourg-Sondershausen, de Schwarzbourg-
Rudolstadt et de Waldeck, le *grand-duché de Bade*,
Hambourg, le royaume de Saxe et le grand-duché de
Luxembourg.

Les articles littéraires et scientifiques insérés dans
les journaux, revues et recueils périodiques, ne peuvent être traduits ou reproduits, sans le consentement
de l'auteur, dans les États suivants : *Sardaigne, Portugal, Angleterre, Belgique, Espagne, grand-duché
de Bade, Pays-Bas, royaume de Saxe et canton de
Genève.*

L'exercice des droits de propriété littéraire et artistique est subordonné à un enregistrement et à un
dépôt d'exemplaires dans quatre Etats, le Portugal,
l'Angleterre, la Belgique et l'Espagne. — Dans le
royaume de Saxe, l'exercice de ces mêmes droits n'est
soumis qu'à l'enregistrement des publications nouvelles.

Dans tous les autres États, les garanties conventionnelles, dégagées de toute obligation, soit de dépôt, soit d'enregistrement, peuvent être réclamées sur la simple production d'un titre établissant qu'il s'agit d'une œuvre originale qui, dans le pays où elle a été publiée, jouit de la protection légale contre la contrefaçon ou la reproduction illicite.

Pour les ouvrages français, ce titre consiste dans le duplicata du récépissé de dépôt, délivré au ministère de l'intérieur ou dans les préfectures.

Nous avons voulu, dans ce chapitre, retracer les principales conventions relatives à la propriété intellectuelle et les dispositions législatives qui garantissent la traduction, la reproduction ou la représentation des écrits ou ouvrages dramatiques. Nous formons des vœux pour que les travaux de la Commission chargée d'examiner le Projet de Loi tendant à réglementer la propriété littéraire et artistique produisent d'heureux résultats.

CONCLUSION

Nous avons examiné tour à tour, dans ce livre, les productions végétales, animales et minérales, non-seulement de la France, de l'Angleterre, de la Belgique et de la Turquie, mais encore celles des autres puissances de l'Europe. Après avoir esquissé à grands traits l'historique des traités de commerce et de navigation, contractés entre la France et diverses nations étrangères, après avoir jeté un coup d'œil sur le commerce, dans les temps anciens et modernes, ainsi que sur les grands centres de l'industrie, et ses produits en Europe, nous avons voulu démontrer, par des documents officiels, par le résultat de nos nombreuses recherches, dans quelles proportions se chiffraient le commerce et la navigation : 1° de la France et de ses colonies ; 2° de l'Angleterre ; 3° de la Belgique, de la Hollande, de l'Allemagne, de la Prusse, de l'Autriche et de la Suisse ; 4° de la Russie, de la Suède et de la Norwège, du Danemark, de l'Espagne et du Portugal ; 5° du

royaume d'Italie, des États de l'Église, de la Grèce
et de la Turquie.

Nous avons ensuite examiné avec soin les traités
de commerce qui ont été signés l'année dernière
entre la France, l'Angleterre, la Belgique et la Turquie, et nous avons cherché à en démontrer l'oppor-
tunité, les avantages déjà obtenus et ceux qu'on peut
encore en retirer. En un mot, nous avons fait tous
nos efforts pour éclairer l'opinion publique et populariser en France les idées de S. M. l'Empereur
sur l'utilité des traités de commerce.

*« De tout temps s'est professée en France, l'opi-
nion que des traités de commerce doivent ouvrir aux
produits français des marchés nouveaux, »* disait,
il y a quelques années, un économiste distingué,
M. Armandies. — S. M. Napoléon III commençait
ainsi sa lettre au ministre d'État et aux ministres de
l'intérieur, de l'agriculture, du commerce et des
travaux publics : *« Depuis longtemps on proclamait
cette vérité qu'il faut multiplier les moyens d'échange
pour rendre le commerce florissant, que sans concurrence l'industrie reste stationnaire…. »*

Nous résumerons donc en deux mots le programme
de la réforme économique due à S. M. l'Empereur :

« Suppression des prohibitions qui pesaient sur une foule de matières premières ou d'objets manufacturés, et contribuaient ainsi à
tout renchérir. Traités de Commerce avec les Puissances Étrangères,
pour faciliter l'avènement de ce régime économique nouveau. »

De toutes les industries, l'industrie française est, sans contredit, la première, et s'il était permis d'en douter un seul instant, nous trouverions un exemple frappant de sa puissance et de sa supériorité dans les divers produits qu'elle a fournis aux expositions universelles de Londres et de Paris. La France marche à la tête de l'industrie européenne.... et l'introduction en franchise des matières premières, conséquences de la conclusion des traités qui ont été signés, va opérer une amélioration sensible dans la fabrication, et une diminution dans le prix de la main-d'œuvre, sans avoir toutefois besoin pour cela de spéculer sur la misère ou l'inaction de la classe ouvrière.

Par la levée du système de prohibitions, nos produits agricoles ou manufacturiers vont trouver un écoulement rapide et assuré.

Cette rénovation commerciale, ce libre échange, devait avoir lieu tôt ou tard en France et dans les autres pays de l'Europe, par la force des circonstances et par la nature des mœurs de notre époque. Les nombreuses voies ferrées qui sillonnent en tous sens l'Europe, l'application perfectionnée de la vapeur à la navigation fluviale et maritime; tous ces moyens faciles de locomotion devaient amener le libre échange des matières premières, puis ensuite celui des produits manufacturés. C'est ainsi que les diverses nations de l'Europe pourront, dans un temps, très-rapproché, se compléter, pour ainsi dire, les unes par les autres.

Les progrès de la civilisation, propageant de grandes idées et de nobles principes, ont amené insensiblement les gouvernements à abaisser par des traités les barrières qui séparaient les diverses industries des peuples et à leur dire : « *Combattez et luttez ensemble ! au plus habile le succès et la fortune !... »*

L'industrie française ne doit pas craindre la concurrence, et nous l'avons vu avec plaisir accepter résolument et loyalement le défi.

Nous assistons depuis quelques années au noble spectacle de l'émulation des industries. Mais on se tromperait si l'on s'imaginait qu'un essor de l'industrie, comme celui que nous voyons, est un phénomène susceptible de se prolonger. Ainsi que les conquêtes des armes, que les conquêtes de la pensée, celles du monde matériel ont leurs fluctuations, leur apogée et leur temps d'arrêt.

C'est ainsi qu'au seizième siècle il y eut un mouvement prodigieux de découvertes ou de perfectionnements dans les sciences, la navigation et les arts. Mais toutes ces améliorations apportées au bien-être matériel étaient les avant-coureurs de la régénération de la pensée ; à leur tour, les grands travaux intellectuels prirent le dessus pour dominer pendant le cours des siècles suivants.

Il est tout naturel que le gouvernement impérial, tout en s'appuyant sur des faits incontestables, se préoccupe du domaine de l'intelligence, en réglementant la propriété littéraire et artistique, en établissant une législation qui puisse sauvegarder les intérêts de tous les écrivains et de tous les artistes.

Est-ce à dire pour cela que notre industrie doive entrer dans un état de stagnation ?... Telle n'a pas été notre pensée. Si notre industrie a progressé depuis vingt ans, elle doit nécessairement s'arrêter à un moment donné, à un point d'arrêt qui sera peut-être de courte durée, mais qui arrivera néanmoins, et c'est alors que les lettres et les arts brilleront d'un éclat radieux.

Les Traités de Commerce avec l'Angleterre et la Belgique, le premier, signé le 28 janvier 1861, le second, le 1er mai, ont reçu leur application le 1er octobre dernier. Comme nous l'avons dit plus haut, le Gouvernement Français, sur la demande motivée de la Porte, a ajourné au 1er mars 1862 la mise en vigueur du traité conclu avec la Turquie, le 29 avril 1861. Les traités contractés avec la Chine, le 12 janvier 1861, et avec le Pérou, le 9 mars de la même année, doivent exercer une heureuse et utile influence sur l'avenir de nos relations commerciales.

Des négociations se poursuivent depuis plus d'une

année entre la France et la Prusse, et les autres États faisant partie de l'union douanière allemande ou Zollverein.

La formation du royaume d'Italie a changé les conditions de nos rapports commerciaux et maritimes avec cette Péninsule. En attendant la conclusion d'un traité de commerce avec le roi d'Italie, dont le projet est à l'étude, on a étendu le tarif sarde à tous les États placés aujourd'hui sous la souveraineté du roi Victor-Emmanuel.

L'application des traités intervenus à diverses époques entre la France et l'Espagne donnait lieu depuis longtemps à de nombreuses difficultés, relativement aux attributions des consuls et à la condition civile des sujets des deux États. Les gouvernements Français et Espagnol ont négocié un arrangement qui, comprenant tous les points en litige, a remplacé par des règles précises et facilement applicables, les priviléges douteux contestés par des droits définis et reconnus. Une convention consulaire, signée à Madrid le 7 janvier dernier, a heureusement terminé ces négociations.

La question du défrichement des forêts situées dans les plaines, et la mise en valeur des terres incultes et des landes, le dessèchement des marais a, depuis longtemps, préocupé les gouvernements qui se sont succédés en France. Il est donc naturel de se demander comment il peut se faire que la France possède encore plusieurs millions d'hectares de terrains presque improductifs.

Bien des causes expliquent cette situation.

Un grand nombre de propriétaires, entraînés par leur position sociale ou par leurs goûts, loin de leurs propriétés, en jouissent comme leurs devanciers, sans désirer apporter le moindre changement à des revenus dont ils sont satisfaits.—Les uns, entrevoyant que la solution de ces questions est liée à des modifications importantes à introduire dans le système cultural, dédaignent d'appliquer leur intelligence à l'étude de procédés spéciaux. Les autres, privés des ressources qui peuvent assurer le succès d'une entreprise de ce genre, peu soucieux d'ailleurs de résoudre des problèmes qu'ils ont quelque peine à comprendre, contribuent par leur inertie à l'état actuel des choses.

Ces diverses causes disparaîtront devant des associations puissantes par leurs capitaux, leur intelligence et leur énergie.

Ce serait une grave erreur de penser que toutes les terres incultes soient sans une valeur réelle. Loin de là, elles acquerront bientôt, par des travaux conçus au point de vue d'une grande production d'engrais et par le développement des cultures fourragères, ainsi que par l'extension de l'agriculture industrielle, une valeur égale au moins à la moyenne du sol en France.

L'exécution de la loi du 28 juillet 1861, pour le reboisement des montagnes a été poursuivie avec une grande activité : 300 pépinières et 4 sécheries ont été établies; plus de 600 propriétaires ont spontanément entrepris le reboisement de terrains dénudés, et ont reçu pour ce motif des subventions, soit en argent, soit en nature. La reconnaissance des terrains propres aux reboisements obligatoires a été entreprise dans huit départements.

En France, le routinier s'acharne à livrer les trois quarts de ses terres à la culture des céréales, persuadé que plus grande est la surface de ses labours, plus grande aussi est la récolte. C'est une erreur funeste, puisqu'un hectare bien engraissé rend plus et mieux que deux auxquels on fait jeûner le fumier, et que ces derniers exigent le double au moins de main-d'œuvre.

Si nos céréales, par suite du Libre-Échange, s'en vont à l'étranger, l'Algérie ne pouvant pas, quant à présent, suffire à la consommation de la France, il serait utile de se préocuper de l'alimentation de notre pays. A vrai dire, le Traité Turc nous offrira un vaste marché pour l'approvisionnement des grains.

La Californie, cette contrée que l'on ne connaît guère en France que par les récits plus ou moins fabuleux des chercheurs d'or, produit du blé en

abondance et d'une qualité excellente. Là, il n'y a
pas à craindre la disette, car elle possède toujours
plus de 20 millions d'hectolitres de blé en sus de sa
consommation usuelle. Ne pourrait-on pas, au moment de la moisson, acheter une certaine quantité
de grains et les tenir en magasin pour les besoins de
la France. Si vers l'automne, la récolte de la France
était abondante, ces mêmes blés pourraient être
revendus sur place au prix d'achat (*de 16, 18 à 20
centimes le kilo*). Si, au contraire, la récolte était
mauvaise, on les expédierait immédiatement en
France, où ils seraient vendus au prix coûtant.

Tous les traités intervenus ou à intervenir entre
la France et les autres puissances européennes doivent amener : 1° la solution, non seulement de l'importante question du défrichement des forêts situées
dans les plaines, mais encore celle non moins importante de la mise en valeur des terres incultes et des
landes, et du dessèchement des marais qui couvrent
le sol d'un grand nombre de nos départements ;
2° une impulsion puissante à la recherche et à l'exploitation des mines de houille et des tourbières ;
3° une amélioration sensible dans la fabrication et
l'agencement, l'outillage de nos grandes usines, de
nos hauts-fourneaux, qui, nous le disons avec franchise, soit par l'incurie ou l'avarice des maîtres de
forge, étaient restés jusqu'à présent dans l'ornière de

la routine ; 4° une grande baisse dans le prix de vente des étoffes ou des draps ; 5° un vaste débouché à notre industrie manufacturière ; 6° un approvisionnement considérable de matières premières, qui sera sensible surtout pour nos filatures.

A ce sujet, nous dirons que dans les articles de coton, basins, piqués, percales, jaconas unis ou façonnés, toiles blanches ou toiles peintes, l'Angleterre conserve les avantages d'une fabrication économique et des prix peu élevés. Si la Normandie s'en rapproche, ce n'est guère que dans les produits intermédiaires. Le nord de la France maintient sa position à l'aide d'articles mixtes où l'art des mélanges et la multiplicité des couleurs jouent un grand rôle dans la valeur du produit. L'Alsace aura toujours une supériorité bien marquée; elle restera inimitable pour les toiles peintes, grâce au goût de ses dessinateurs et de ses fabricants, au choix et à la variété des dessins, à la finesse des nuances. — *L'industrie est la source du bonheur des nations !*

La Corse, ce département français qui sert de point de jonction entre la France et l'Algérie, verra accroître son bien-être par le développement donné à son industrie et à son commerce. L'administration supérieure est tellement convaincue de l'importance que doit prendre cette île, qu'elle fait tous ses efforts pour améliorer sa viabilité.

La Corse est propre à la culture du mûrier et du jasmin, et les rochers improductifs partout ailleurs sur le continent français, présentent dans ce pays, des figues de Barbarie qui peuvent y développer la fabrication du sucre et la distillation des alcools. — Il n'est pas un coin de terre, dans cette île, qui ne soit apte à une culture particulière, et cependant elle est restée dédaignée en quelque sorte par la mère-patrie. Les cédrats, les orangers, les amandiers, la vigne, le riz, le coton, la garance, la canne à sucre, le tabac remplaceront les nombreux *maquis* de la Corse ; et la France s'enrichira de bien des produits qu'elle emprunte aux sols étrangers

Un vaste chantier pour la construction des navires à Ajaccio présenterait d'immenses avantages à la France, parce qu'il serait placé près de nombreuses forêts de toute espèce, et surtout de pins *laricio*, pouvant disposer gratuitement du goudron, ayant à proximité de vastes plaines de chanvre et de lin, des mines de fer, de cuivre et d'antimoine, et un bassin houiller très-important. Près de la Sardaigne, entre la France et l'Algérie, l'Espagne et l'Italie, le chantier maritime d'Ajaccio prendrait, nous en sompersuadés, un rapide développement et serait d'une grande influence pour l'avenir commercial et maritime de la France.

Le triomphe de nos armes en Chine et en Cochin-

chine ont assuré à jamais la sécurité de nos établissements et de nos relations dans ces contrées lointaines. Les événements accomplis l'année dernière
à Pékin, font espérer que le Gouvernement Chinois
a rompu avec les traditions et les errements, du
passé, et que les intérêts européens trouveront dans
cet Empire toutes les garanties désirables. Notre
Expédition de Cochinchine nous offrira les mêmes
avantages.

Par la fécondité du sol, la richesse et la diversité
de ses productions, sa position a plus de 100 kilomètres de l'embouchure d'un fleuve que peuvent
remonter, sans obstacle, les plus grands navires
de guerre, SAÏGON est devenu le centre d'un
des plus forts et des plus riches établissements
européens dans ces mers. La civilisation va faire
place à l'anarchie, et un avenir brillant entoure
déjà de son auréole notre nouvelle possession en
Cochinchine.

Semons là des lauriers, il y croîtra des roses !

TABLE

INTRODUCTION 5

CHAPITRE I. — Résumé historique des traités de commerce et de navigation contractés entre la France et les puissances étrangères 9

CHAPITRE II. — Des grands centres d'industrie et de leurs produits en Europe 14

CHAPITRE III. — Des productions végétales de l'Europe 25

CHAPITRE IV. — Des productions animales 35

CHAPITRE V. — Des productions minérales de l'Europe. 41

CHAPITRE VI. — Quelques mots sur le commerce dans les temps anciens et modernes. 54

CHAPITRE VII. — Du commerce et de la navigation de la France 59

CHAPITRE VIII. — Du commerce et de la navigation en Angleterre. 83

CHAPITRE IX. — Du commerce et de la navigation en Belgique, Hollande, Allemagne, Prusse, Autriche et Suisse 96

CHAPITRE X. — Du commerce et de la navigation en Russie, Suède et Norwège, Danemark, Espagne et Portugal 106

CHAPITRE XI. — Du commerce et de la navigation du royaume d'Italie, des États-Romains, de la Grèce et de la Turquie 113

CHAPITRE XII. — Du traité de commerce entre la France et l'Angleterre 119

CHAPITRE XIII. — La Belgique devant l'histoire... 128

CHAPITRE XIV. — Du traité de commerce contracté entre la France et la Belgique 130

CHAPITRE XV. — Traité de commerce entre la France et la Turquie 136

CHAPITRE XVI. — Des conventions littéraires et artistiques et de la législation régissant cette matière 141

CONCLUSION 147

FIN

9534   PARIS. — IMPRIMERIE RENOU ET MAULDE, RUE DE RIVOLI, 144.

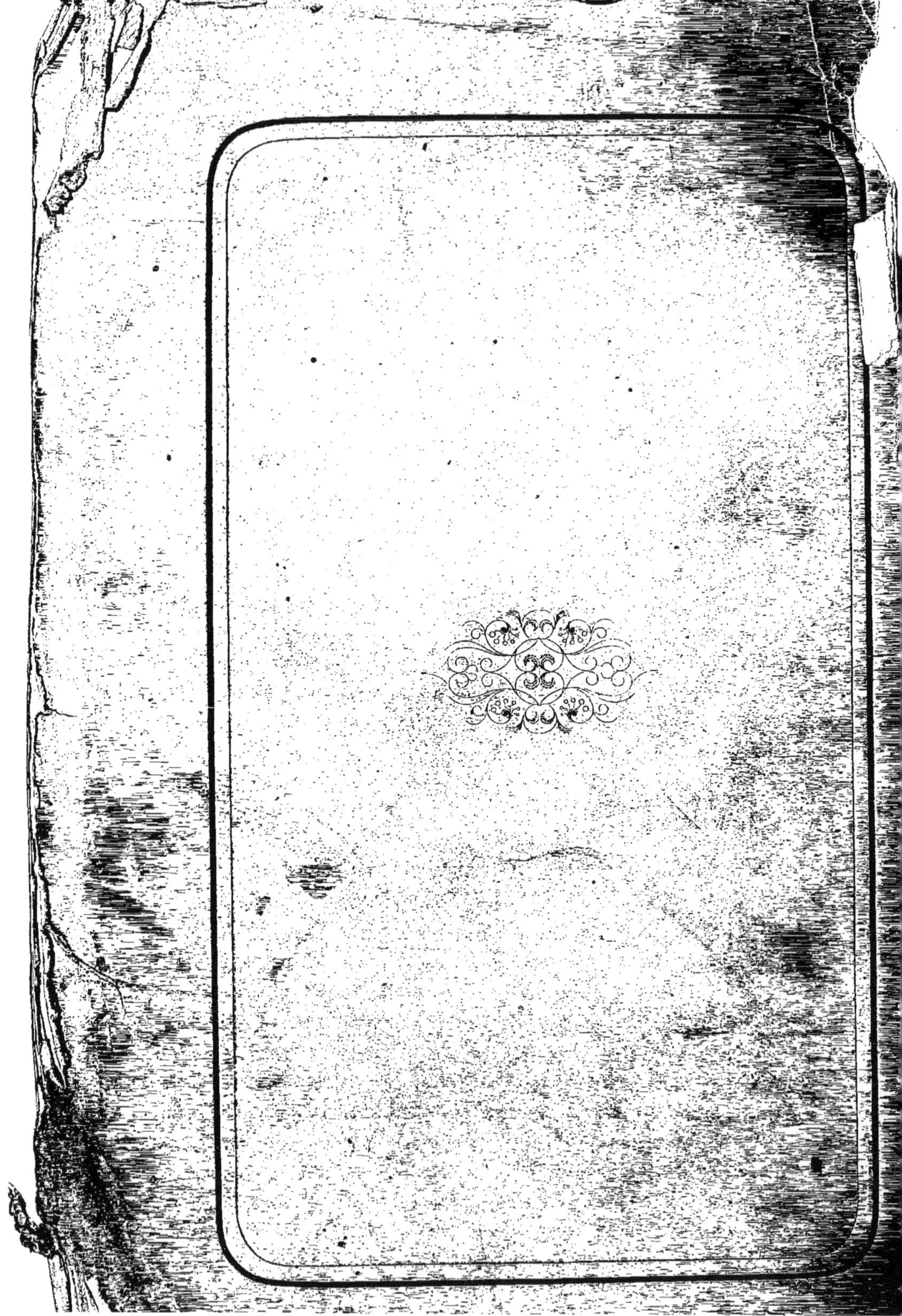